QUERIDA CULPA:
GRACIAS, PERO ADIÓS

SONIA RICO

QUERIDA CULPA: GRACIAS, PERO ADIÓS

UNA GUÍA PARA ATREVERSE
A SOLTAR EL SOBREPESO EMOCIONAL
Y VIVIR CON PLENITUD

Urano
Argentina – Chile – Colombia – España
Estados Unidos – México – Perú – Uruguay

1.ª edición: abril 2025

Plaza de los Reyes Magos 8, piso 1.º C y D – 28007 Madrid
www.edicionesurano.com

ISBN: 978-84-18714-86-3
E-ISBN: 978-84-10495-76-0
Despósito legal: M-3.541-2025

Fotocomposición: Urano World Spain, S.A.U.

Impreso por: Rodesa, S.A. – Polígono Industrial San Miguel
Parcelas E7-E8 – 31132 Villatuerta (Navarra)

Impreso en España – *Printed in Spain*

Para Leo, maestro y espejo de la niña que soy

ÍNDICE

Nota de la autora 15

Descúlpate 17

1. UNA INVITADA NO DESEADA 21
Alarma interior: «Has hecho algo mal» 24
El porqué de todo 25
La culpa mórbida 29
Errar es de humanos 32
Transformar la culpa en oro 33
La cara amable de la culpa 36
Un mundo mejor 38

2. POR MI CULPA, POR MI CULPA, POR MI GRANDÍSIMA CULPA 43
El pecado original 45
Un mundo sin pecado 46
La culpa a lo largo del tiempo 47
La manzana que lo cambió todo 47
Pecado= culpa+pena 48
Yo confieso 49
La confesión a lo largo del tiempo 50

3. CREER O NO CREER EN LA CULPA, ESA ES LA CUESTIÓN 55
¿Picapiedra emocional? 56
No solo heredamos el color de los ojos 58
Prioridad: sanar 63
La culpa, mejor amiga de la dependencia 64

Lo que crees, marca lo que haces ... 65
El legado silencioso de la culpa ... 67

4. PRODUCTORES DE CULPAS: EL ARTE DE LA MANIPULACIÓN ... 73
La culpa, un destornillador para manipular ... 74
Con lo que yo hice por ti ... 74
Las relaciones tóxicas: «Si realmente me quisieras...» ... 76
El juego perverso ... 76
¿Estoy en una relación tóxica? ... 80
Manipulación elevada a la máxima potencia ... 84
¿Qué dirá la gente? ... 86
Harakiri mental ... 89

5. EMOCIONES QUE ACARREA LA CULPA. ¡TODAS PARA UNA Y UNA PARA TODAS! ... 97
Sentirlo todo ... 98
Express yourself ... 99
Supervivencia emocional ... 99
Eso está mal ... 100
Más sentir, menos pensar ... 101
Comunicación asertiva, ¡por favor! ... 101
La tristeza ... 102
El resentimiento ... 105
La ira ... 111
Vergüenza ... 118
Eres una persona maravillosa tal como eres ... 122

6. DIME QUÉ DOLOR TIENES Y TE DIRÉ DE QUÉ TE CULPAS ... 129
La fábrica de nuestras emociones ... 130
El cuerpo habla ... 132
Atrapados en el cepo emocional ... 134
Las ratas también enferman por estrés ... 134
El intestino tiene idioma propio ... 136
Es el ciclo sin fin ... 137

¡SOS! El cuerpo en pie de guerra 138
Lo que la vida nos enseña 139
Cada persona lo vive a su manera 140
Escúchate y da el primer paso 143

7. TESTIMONIOS DE CULPOSOS Y CULPOSAS....... 151

8. EL EGO ESTÁ ENAMORADO DE LA CULPA....... 171
Nuestro enemigo interior 172
La culpa es de los demás 177
Espejito, espejito 179
O te quiero o te rechazo 181
La ilusión de la separación 182
Todo está en constante cambio 184
¿Cómo el ego puede dejar de amar a la culpa? 185
Una conexión que nos libera 187
La historia de los seis sabios ciegos y el elefante 188
Libre, como el sol de la mañana 189

9. LA MAGIA DEL PERDÓN Y DE LA COMPASIÓN ... 195
Limpia tu casa mental 198
Somos humanos, no perfectos 200
El antídoto al veneno de la culpa 201
Sufrimiento= dolor x resistencia 203
Perdonarte: el arte de reconciliarte contigo co*n*pasión 206

10. AQUÍ Y AHORA, LIBRE DE CULPAS 215
Acepta lo que es 219
Enciende la luz en tu conciencia 220
Más responsabilidad y menos culpas 223
Wu wei: «El arte de hacer sin hacer» 224
Mindfulness para culpables 225
Vive con gratitud y libertad 230

Bibliografía 235

Agradecimientos 239

El loto crece en el barro. Cuanto más oscuro y profundo es el lodo, más hermoso es su florecer.

Proverbio budista

NOTA DE LA AUTORA

Querido lector, querida lectora:

Esto no es un manual de psicología ni pretende serlo. Es una recopilación de reflexiones, aprendizajes y experiencias personales que nacen del corazón y que quiero compartir contigo. Las enseñanzas que encontrarás en estas páginas surgen de mi práctica de yoga, de mi labor como *coach* y como terapeuta en kinesiología emocional, y, sobre todo, de un viaje interior profundo. Ha sido un camino en el que he tenido que mirarme al espejo, aceptar mis sombras y aprender de la que ha sido mi más persistente maestra: la culpa.

Mi intención con este libro es ofrecerte un espacio en el que puedas descubrir una nueva forma de relacionarte contigo mismo e invitarte a reconectar con tu luz y soltar las cargas que no son tuyas. Si algo de lo que leas aquí resuena contigo, es porque, en lo más profundo de tu ser, ya lo sabías. Es esa verdad que ha estado siempre en ti, aguardando a ser nombrada, escondida tras las capas de autojuicio y autocrítica, para recordarte que siempre has sido suficiente.

A lo largo de estas páginas, te compartiré no solo lo que he aprendido a través de mi formación y mi experiencia profesional, sino también lo que he descubierto en mis propias cicatrices. Hubo momentos en los que la culpa pesaba tanto que apenas podía avanzar. Fue entonces cuando encontré alivio al sumergirme en las enseñanzas de sabidurías ancestrales y al reconectar con la sencillez y la belleza de la vida cotidiana. Aprendí que sanar no es encontrar una solución mágica, sino aprender a mirar nuestras vivencias con amabilidad, a entenderlas con compasión y a abrazar lo que somos, incluso en nuestra imperfección.

Este libro es, en esencia, una carta de amor a esa parte de nosotros que todavía se esconde, temerosa de no ser suficiente, de fallar o de no estar a la altura de las expectativas. Es un recordatorio de que, incluso en nuestras equivocaciones y tropiezos, siempre podemos elegir mirarnos con más ternura. Porque, al final, sanar no es perfeccionarnos, sino aprender a ser más humanos con nosotros mismos.

Mi deseo más profundo es que este libro te inspire a silenciar esa voz interna que te juzga con dureza y a construir un refugio dentro de ti, un lugar donde cada parte de tu ser, incluso aquellas que más te cuesta aceptar, sea recibida con amor y comprensión. Que estas páginas sean una invitación a reconciliarte contigo mismo, a mirarte con compasión y a descubrir que la verdadera libertad surge cuando te aceptas plenamente, tal como eres, aquí y ahora.

Con todo mi cariño,

Sonia Rico

DESCÚLPATE

«Tu tarea no es buscar el amor, sino
simplemente buscar y encontrar las barreras
dentro de ti mismo que has construido contra él».

—Rumi

El otro día, mientras disfrutaba del mejor ramen de Barcelona con mi buen amigo Francesc Miralles, autor del *best seller* mundial *Ikigai* publicado en esta misma editorial, le explicaba el tema central de este libro: la culpa.

Estábamos en una tetería china del barrio de Gracia, un local mágico donde se respira un ambiente de profunda paz y serenidad. Nos sentamos al lado de la ventana, mientras hablábamos de la vida, de libros y de nuestras próximas intenciones literarias.

Cuando le hablé sobre este manual que ahora tienes en tus manos, mi amigo inicialmente se extrañó. Debió de pensar: «¿Tantas personas se sienten culpables como para escribir un libro sobre el tema?».

Con la curiosidad que le caracteriza cuando algo le llama la atención, me preguntó qué me llevaba a escribir específicamente sobre la culpa. Le respondí que, en mi opinión, las personas vivimos con una gran dosis de culpa que nos acompaña las veinticuatro horas del día, aunque muchos posiblemente no reparemos en ella. Nos hemos acostumbrado a sobrellevarla, de la misma forma que, cuando se nos cuela esa molesta piedrecilla en el zapato, tardamos en detenernos para quitarla.

Para mí, abordar este tema es de vital importancia. Como terapeuta y *coach*, veo que la culpa es un poso de muchos desequilibrios. Tanto en mi consulta como charlando con otros colegas, he observado que es una de las principales fuentes de malestar. Este sentimiento profundo y persistente provoca un estado de constante autoevaluación negativa, que no solo afecta a nuestra autoestima, sino también a nuestras relaciones personales y profesionales.

La culpa, cuando no se maneja adecuadamente, puede convertirse en una barrera que impide nuestro crecimiento y desarrollo personal (y espiritual).

Mientras divagábamos y nos servían el mejor té que he probado en la ciudad, le conté a mi amigo, experto en cumplir con el propósito vital, que para mí la culpa es una compañera constante y omnipresente.

Recuerdo que la sentía cuando dejaba a mi hijo, con solo un añito de edad, en la guardería al lado de mi trabajo. Como es natural, él solo quería estar conmigo, así que la culpa me desgarraba por dentro y me sentía la peor de las madres. Sin embargo, cuando él enfermaba y yo tenía que quedarme en casa a cuidarle, me sentía la peor profesional del mundo por no poder cumplir con mis obligaciones laborales.

Lo mismo ocurre cuando me pongo a escribir. Siento que, de alguna manera, le estoy restando tiempo a mi familia. Una parte de mí se siente bien, pero la otra se imagina a mi marido y a mi hijo disfrutando juntos, mientras yo me pierdo todos esos momentos que ya nunca volverán.

Por el contrario, si decido no hacerlo, entonces la culpa se pone su traje de supervillana y me hace sentir que estoy traicionando mis sueños, mi pasión y mi propósito vital.

¡Y qué decir cuando traspaso mis límites y hago algo que no quiero hacer! Aunque, a decir verdad, también me siento culpable si no lo hago. Me sucede cuando practico deporte y dejo mil proyectos pendientes..., pero también si no lo hago. Si decido cuidar mi alimentación y, por lo que sea, me salto mis propias normas. Si alguien de mi familia está enfermo y no estoy ahí para cuidarle. Si decido descansar... La lista sería interminable, pero el veredicto no cambia: ¡SIEMPRE CULPABLE!

Al contarle todo esto, mi amigo me dijo:

—Tienes que escribir este libro y titularlo *Descúlpate.*

Francesc cayó en la cuenta de que quizás él también se sentía culpable de muchas cosas.

En ese instante me di cuenta de que la culpa es como el aroma del té. Durante nuestra comida, aprendí que antes de infusionar el té, se hidrata la hoja con agua caliente para que se abran los poros y libere el aroma de su interior. Pensé que, de forma similar, cuando no abordamos la culpa, permanece oculta y latente, pero se libera al ser «hidratada» con nuestra atención y reflexión, lo que nos permite reconocer su presencia y lidiar mejor con ella.

La culpa es muy diferente en Occidente y en Oriente, debido a causas y contextos culturales variados.

En Occidente tendemos a hacer una foto fija de nuestras carencias y errores, y nos machacamos constantemente por eso. Vivimos en una sociedad que valora la perfección y el éxito, y cualquier desliz se convierte en una fuente de culpa constante. La presión por cumplir con ciertas expectativas, tanto propias como ajenas, nos lleva a sentirnos insuficientes y a castigarnos de una forma implacable.

En contraste, en muchas culturas orientales, la percepción de la culpa y de los errores es distinta. Como bien dice el Lama Rynchen en sus numerosas conferencias: «La libertad reside en aprender de los errores y verlos como situaciones pasajeras, no como parte de nuestra identidad». En lugar de castigarte por los fallos, estos son vías de crecimiento a través de las cuales se aprende. Los japoneses tienen incluso el concepto de *wabi-sabi*, «la belleza de la imperfección», como parte esencial de la vida. Este enfoque compasivo permite una relación más saludable con uno mismo y con los demás.

La culpa, de hecho, es un motor para el cambio y la evolución personal, siempre que no lo veas como un castigo, sino como una brújula para mejorar. En este libro, exploraremos las distintas formas en las que la culpa se manifiesta en nuestra vida, y cómo transformarla en una fuerza impulsora para el crecimiento personal y el bienestar.

Así que, querido lector, querida lectora, te invito a recorrer estas páginas para comprender y transformar la culpa en una aliada en tu proceso de crecimiento, equilibrio y bienestar. Además de *desculparte*, como diría mi amigo Francesc, mi mayor deseo es que, al llegar al final de este viaje, puedas decir con firmeza y amor: «Querida culpa: gracias… pero adiós».

1. UNA INVITADA NO DESEADA

«Una persona que se siente culpable se convierte en su propio verdugo».

—Séneca

El colmo de los colmos es escribir sobre la culpa mientras te sientes culpable. No somos perfectos y me alegro, porque si no tuviera este sentimiento no me habría motivado a escribir estas páginas, ni a investigar profundamente para brindarte toda la información y las herramientas que te ayudarán a desarticular la culpa.

Intuyo que tú también sientes culpa. Es normal, y creo que después de leer este libro entenderás mucho mejor por qué. No te prometo que ese sentimiento vaya a desaparecer cuando acabes la última página, pero sí te aseguro que desarrollarás un superpoder tras la lectura: la conciencia para detectar la culpa, analizarla y desmenuzarla.

He borrado la introducción de este capítulo una y otra vez. Nunca está demasiado bien. ¿Será por la culpa? Seguro que sí. Primero está mi autoexigencia exacerbada. Siempre he sido de esas personas que no se conforman con menos del 110 %. Si no está perfecto, no está bien. Me impongo estándares tan altos que es casi imposible alcanzarlos. Y cuando no los cumplo, siento culpa. Culpa por no haber alcanzado mis expectativas y, peor aún, por no disfrutar del proceso. Pero ¿quién puede gozar castigándose de esa manera?

Luego está el dichoso síndrome de la impostora. Esa vocecita interior que me dice que no soy lo suficientemente buena, que cualquiera podría hacerlo mejor y que seguramente todos se darán cuenta de que no tengo ni idea de lo que estoy haciendo. Y, claro, la presión de lo que creo que los demás esperan de mí. Sentir que debo cumplir con ciertas expectativas, reales o imaginarias, me lleva a cuestionarme constantemente si estoy a la altura.

Este libro, quizás, no cumple con las reglas para que se convierta en un *best seller*. Algunos me dicen que no es un tema muy demandado; otros, que debería ser más transgresora. Pero ¿sabes qué? Voy a ser completamente yo. Si tratara de ser alguien diferente, sería como intentar que a estas alturas me gustara el reguetón. Lo que realmente quiero es ofrecerte una perspectiva honesta, útil y, sobre todo, terapéutica. Mi esperanza es que, la próxima vez que asome la culpa, tengas la capacidad para confrontarla.

El verdadero perdón empieza por ti. ¿Por qué no regalarte ese primer paso hoy?

Averigua si te sientes culpable

Antes de seguir adelante, te propongo un ejercicio. Marca las casillas con las que te sientas identificado:

- ☐ Te sientes incómodo ante los halagos y, en cambio, cualquier crítica te afecta profundamente.
- ☐ Magnificas tus errores y te preocupas por todo.
- ☐ Pides disculpas a cada momento.
- ☐ Tienes pensamientos recurrentes tales como:
  - ◊ «Nadie me va a querer».

- ◊ «No soy buena persona».
- ◊ «No merezco ser feliz».

- ☐ Te esfuerzas en caer bien a toda costa.
- ☐ Sabes perdonar a los otros, pero no a ti mismo.
- ☐ Te cuesta decir que no.
- ☐ Sientes que estás en deuda con los demás, o adquieres una deuda desmesurada cuando te hacen un favor.
- ☐ Te sientes mal cuando te dedicas tiempo o cuando descansas.
- ☐ Crees que podrías hacerlo mejor en todo.
- ☐ Temes dañar a los demás con tus acciones.
- ☐ No dices lo que piensas para no herir a otros.
- ☐ Autosaboteas tu propio éxito.
- ☐ Sientes la obligación de satisfacer a los demás.
- ☐ Te sientes culpable si las personas a tu alrededor no son felices.
- ☐ Te agota tratar de controlar todas las situaciones.
- ☐ Te cuesta relajarte y disfrutar de las actividades que solías amar.
- ☐ Evitas tomar decisiones importantes por miedo a cometer errores.
- ☐ Te cuesta aceptar que los demás te cuiden.
- ☐ Te preocupa constantemente lo que los demás piensen de ti.
- ☐ Revisas y vuelves a revisar tus acciones para asegurarte de que no has cometido errores.
- ☐ Te resulta difícil confiar en tus propias decisiones.
- ☐ Te comparas constantemente con los demás y sientes que no estás a la altura.

Resultados:

Entre 0 y 5 respuestas afirmativas: no te preocupes, tienes un equilibrio saludable con la culpa y manejas bien tus emociones.

Entre 6 y 11 respuestas afirmativas: a veces te sientes culpable, pero puedes manejarlo. Sin embargo, podrías beneficiarte de algunas estrategias para gestionar mejor estas emociones.

Entre 12 y 17 respuestas afirmativas: la culpa tiene una presencia mayor de lo que debería. Esto podría estar afectando tu bienestar y tus relaciones.

Más de 17 respuestas afirmativas: la culpa parece ser una constante en tu vida, lo que puede estar interfiriendo en tu felicidad.

Recuerda: no eres tu culpa, eres quien la observa y puedes decidir qué hacer con ella.

ALARMA INTERIOR: «HAS HECHO ALGO MAL»

Estás tan tranquilo y, de repente, se te dispara un sentimiento de malestar. Tal vez es una inquietud y no sabes muy bien por qué. Pero, si rascas un poquito, puede que descubras a la culpable, valga la redundancia: la culpa, agazapada en la sombra, esperando su momento para aparecer.

Tal vez deberíamos darle otro nombre, ¿no crees? Quizás podríamos llamarla «tormento profundo». Porque, al fin y al cabo, la culpa lleva consigo una gran carga de dolor. Si te detienes a sentirla, te darás cuenta de que está compuesta por ingredientes amargos y conocidos:

- no sentirte suficiente,
- no estar a la altura de las expectativas ya sean de otros o de ti mismo,
- sentir que has actuado mal o cometido errores,
- creer que no vales lo suficiente tal como eres.

En definitiva, es como estar en guerra con uno mismo, intentando ser o sentir de una forma que no es natural para ti. Es esa constante comparación con un ideal imposible que te dice que lo que eres y haces nunca es suficiente. Y es que nadie quiere verse como alguien «malo», ¿verdad? A menos que tenga una patología y disfrute del sufrimiento ajeno (cosa que rara vez sucede), lo más natural es que queramos vernos a nosotros mismos como buenas personas, compasivas y generosas. Entonces cuando no cumplimos con esa imagen de bondad que tanto nos esforzamos en proyectar, se enciende la alarma de la culpa.

Este «tormento profundo» nos persigue en todas las áreas de la vida: en el trabajo, en nuestras relaciones personales, incluso en nuestro propio crecimiento personal. Se alimenta de nuestras inseguridades y nos atrapa en un ciclo de autocrítica feroz. Esa voz interna te dice que deberías ser más amable, más productivo, más *perfecto*. Pero ¿te das cuenta de lo desgastante que es esa presión? Intentar ser alguien distinto a quien realmente eres solo te aleja más de tu verdadero yo y de esa paz que tanto anhelas.

Este ciclo perpetúa un mensaje que nos destruye lentamente: «Has hecho algo mal, no está bien ser quien eres. Debes cambiar, debes ser otra cosa». Qué cruel. Sentir que tenemos que convertirnos en algo distinto para ser aceptados y amados acabará por destruirnos. Pero la buena noticia es que esta alarma interior no tiene que sonar para siempre. Podemos empezar a reconocerla, entenderla y, poco a poco, desactivarla, permitiendo que nuestro verdadero ser emerja sin culpa ni autocrítica. Porque todos, absolutamente todos, somos suficientes y dignos tal como somos. Pero *piano piano* (paso a paso).

EL PORQUÉ DE TODO

La culpa es una emoción que se va tejiendo a diferentes niveles y formas dentro de nosotros. No solo está moldeada por nuestra educación y por los estereotipos sociales, sino también por nuestros juicios internos y condicionamientos. Como un hilo invisible, la culpa entrelaza nuestras experiencias pasadas con nuestras creencias más profundas, creando un nudo en nuestro interior que cuesta deshacer.

No es fácil liberarse de ella, porque está arraigada en cómo hemos sido educados y en las expectativas que nos ha impuesto la sociedad. ¿Quién no se ha sentido alguna vez culpable por no cumplir con lo que se «supone» que debería hacer o por no encajar en el molde de lo que otros esperan de nosotros?

La culpa, al fin y al cabo, no es más que una construcción emocional y social que hemos aprendido a lo largo del tiempo. No es tangible, ni es una verdad objetiva. Es una interpretación, una reacción que nace de nuestras creencias, de normas sociales y de experiencias personales que a menudo no cuestionamos. Y, sin embargo, está ahí, limitando nuestra libertad emocional y robándonos la paz.

Por eso, a lo largo de este libro, vamos a desmenuzar esas causas con paciencia. Me gustaría que comprendieras, con cariño hacia ti mismo, de dónde surge esa emoción tan tóxica, para que puedas mirarla de frente y llegar al fondo de la cuestión. Porque ahí, en ese proceso de autoconocimiento, es donde se encuentra tu preciosa evolución. No se trata de luchar contra la culpa, sino de entenderla y trascenderla. Como quien contempla un lago para ver qué hay bajo la superficie y descubrir lo que realmente mueve sus aguas.

Un artículo de la BBC, publicado en enero de 2017, aborda las razones por las que sentimos culpa y arrepentimiento en tres tiempos. Porque la culpa no se limita solo al pasado; también encuentra formas de aflorar en nuestro presente y futuro:

- **PASADO.** Es el tiempo más común de la culpa. Lamentamos algo que hicimos o que no hicimos. Un ejemplo común es cuando alguien dice: «Debería haber pasado más tiempo con mis hijos cuando eran pequeños. Ahora se han hecho mayores y siento que me perdí su infancia»; o bien: «No hice todo lo que estaba en mis manos por ella y ahora es demasiado tarde». Este tipo de culpa se alimenta de pensamientos que nos atan a lo que ya no podemos cambiar y nos hace cargar con una nostalgia que duele.

- **PRESENTE.** Te culpas por algo que estás o no estás haciendo ahora mismo. «En lugar de quedarme hasta tan tarde trabajando, debería estar pasando tiempo con mi familia. Aquí estoy, frente al ordenador, mientras ellos cenan sin mí». El presente se vuelve un campo de batalla en el que luchas entre lo que haces y lo que crees que «deberías» estar haciendo. Y esta culpa se refleja en una constante sensación de insatisfacción y ansiedad.

- **FUTURO.** La culpa también se proyecta hacia el futuro, preocupándote por algo que vas o no vas a hacer. «Me gustaría dejar mi trabajo y emprender mi propio negocio, pero ¿cómo voy a dejar mi trabajo estable?». En este caso, la culpa va acompañada de miedo y parálisis, ya que evita que des pasos hacia lo que realmente deseas por temor a estar haciendo algo «irresponsable» o arriesgado.

En cualquier momento de tu vida, la culpa puede aparecer como esa vieja amiga que nunca se va. Siempre está lista para recordarte tus fallos y tus miedos. Y su fiel escudero, el sufrimiento, la acompaña para asegurarse de que no te olvides de tus errores. Pero, bueno, ¿quién dijo que navegar por las emociones humanas sería fácil?

Juan y la culpa del divorcio

Juan decidió venir a verme porque estaba totalmente agobiado por la culpa tras decidir terminar con su matrimonio. Había intentado todo lo posible para que funcionara, pero las constantes discusiones y la falta de conexión emocional lo llevaron a la difícil decisión de separarse. Sin embargo, la culpa lo consumía. Se sentía como si hubiera fallado como esposo y padre, y creía que su decisión había sido egoísta.

Juan me explicaba que, desde que nacieron sus hijos, las diferencias con su pareja se volvieron irreconciliables. Discutían a todas horas: desde la manera de criar a sus hijos, la gestión del dinero, hasta las expectativas de cómo debían pasar el tiempo juntos... Cualquier cosa podía desatar una pelea.

Su esposa, por otro lado, se quejaba de que él no dedicaba suficiente tiempo a la familia, a pesar de los esfuerzos de Juan por equilibrar el trabajo y la vida personal. Se sentía en un tira y afloja constante. Lo que antes era un matrimonio feliz, se transformó en una fuente de estrés constante. Aun así, su esposa insistía en continuar con la relación, a pesar de los conflictos.

Esa decisión no fue fácil. Juan tenía miedo de la soledad, del juicio de los demás, de lo que significaba dividir su vida financiera y, sobre todo, de no ver a sus hijos todos los días.

En nuestras sesiones, trabajamos en diferenciar la culpa funcional de la culpa disfuncional. La primera es la que nos ayuda a reflexionar, a reconocer los errores y a encontrar maneras de mejora; la segunda, en cambio, es la que nos mantiene atrapados en un ciclo de autocrítica y castigo constante, sin permitirnos avanzar.

A medida que progresaba, Juan empezó a ver que la culpa, si se gestiona de forma consciente, puede ser una herramienta para el crecimiento personal. No se trata de olvidar nuestros errores, sino de aceptarlos, aprender de ellos y seguir adelante.

Poco a poco, Juan comenzó a cambiar la forma en que se hablaba a sí mismo. Se dio cuenta de que su mente estaba atrapada en un bucle de autorrecriminación: «He hecho algo mal», «Soy un mal padre», «No merezco ser feliz». Esos pensamientos y creencias lo mantenían atrapado en una alarma interna constante que le impedía ver más allá de su dolor. Al transformar esas creencias, logró desarrollar más compasión hacia sí mismo, dejando de lado la autocrítica para enfocarse en cómo quería construir una relación diferente con sus hijos y con su propia vida.

La historia de Juan es un recordatorio de lo poderosas que son nuestras interpretaciones. Nuestros pensamientos son fundamentales en cómo vivimos nuestras experiencias. Si constantemente te dices a ti mismo que has fallado, que no eres suficiente, empiezas a sentir culpa y posiblemente también vergüenza y tristeza. Y, por supuesto, estas emociones te arrastran hacia conductas de autosabotaje, te aíslan y te llenan de miedo a tomar cualquier riesgo que implique volver a equivocarte.

Mi querido lector o lectora, detener este ciclo comienza por reconocer que tú no eres tu culpa. Es esencial aprender a observar esos pensamientos, sin identificarse con ellos, y desarrollar una relación más sana contigo mismo, con compasión y respeto. Porque solo así podrás soltar el peso que te retiene y vivir desde un lugar de aceptación y responsabilidad, no desde el sufrimiento.

Si la culpa es la voz de la perfección, respóndele con la voz de la compasión. No te exige nada, solo te abraza tal como eres.

LA CULPA MÓRBIDA

Hay momentos en los que la culpa deja de ser una herramienta para el crecimiento personal y se convierte en un verdugo implacable que nos persigue, buscando un castigo desproporcionado y permanente. En esos casos, la culpa pierde su función natural de hacernos reflexionar y se transforma en una prisión mental que no deja de torturarnos por algo que, muchas veces, ni siquiera está en nuestras manos.

Ana y la pérdida de su padre por COVID-19

Pensemos en Ana. Durante la pandemia, ella hizo todo lo posible para proteger a su familia: desinfectaba la casa constantemente, restringió las visitas e incluso evitó salir a lugares concurridos. Aun así, su padre contrajo el virus y falleció. Desde entonces, Ana no puede dejar de culparse. A pesar de que sabía que no todo estaba bajo su control, la idea de que «podía haber hecho más» se convirtió en una sombra que la acompañaba día y noche.

Ana estaba atrapada en una espiral de autocrítica y pensaba: «Si hubiera sido más estricta, si no lo hubiera dejado salir, si hubiera hecho las cosas de otra manera...». Esta culpa, que en realidad es irracional e injusta, la llevó a la depresión y a la ansiedad. Ana se vio limitada en su capacidad para cuidar de sus hijos, para disfrutar de su vida e incluso para rendir en el trabajo.

La culpa mórbida no ocurre en un vacío. Se alimenta de creencias y expectativas que nos imponemos o que absorbemos del entorno social y cultural. En el caso de Ana las narrativas de «proteger siempre a la familia» o «no hacer lo suficiente» se intensificaron en el contexto de la pandemia. La presión social de cumplir al pie de la letra con todas las medidas de seguridad le hizo sentir que, de alguna manera, había fallado en su deber como hija. Esto, a su vez, intensificó su sentimiento de culpa, hasta el punto de convertirse en un castigo que no merecía.

Tira de la madeja y desenreda la culpa

A veces, la culpa puede parecer una maraña de hilos enredados en nuestra mente. Este ejercicio te ayudará a desenredar esa madeja, identificando cómo nuestros pensamientos influyen en nuestras emociones y acciones.

1. **Identifica el hilo principal:** piensa en una situación específica que te haga sentir culpable. Anótala en un papel y pregúntate:
   - ¿Qué hice o no hice que me hace sentir culpable?
   - ¿Por qué creo que eso estuvo mal?

   Vamos a hacer este ejercicio tomando el ejemplo de Juan: «Me siento culpable por haber decidido terminar mi matrimonio». Seguramente el pensamiento asociado sea del tipo: «Rompí mi familia y herí a mis hijos».

2. **Desentraña los pensamientos asociados:** escribe todos los pensamientos que surgen cuando piensas en esa culpa. Siguiendo con el ejemplo anterior, quizás nos diríamos cosas del tipo: «Soy egoísta por no haber hecho más», «He fallado como esposo y padre», «Nunca podré compensar este dolor».

3. **Desafía esos pensamientos:** cuestiona si esos pensamientos son racionales o si son autoimpuestos. Para eso, puedes preguntarte: ¿Es realmente cierto lo que me digo? ¿Estoy viendo toda la situación o solo una parte? ¿Qué diría un amigo cercano sobre esto?

   Te pongo un ejemplo de cómo desafiar esos pensamientos:

   - «Soy egoísta por no haber hecho más». → «Hice todo lo posible durante años, pero la relación seguía siendo dañina para ambos».
   - «He fallado como esposo y padre». → «Tomé una decisión difícil para crear un entorno más saludable y feliz a largo plazo».
   - «Nunca podré compensar este dolor». → «Puedo trabajar en construir relaciones saludables y brindar apoyo emocional de manera consistente».

También es posible que en este punto te des cuenta de que sí cometiste algún error, o que podías haber actuado de otra manera. En este caso, utiliza eso para aprender y crecer, no para castigarte.

4. **Reescribe la historia:** transforma esos pensamientos de culpabilidad en otros de comprensión y compasión. Si continuamos con el ejemplo anterior, la nueva narrativa sería algo así: «Aunque desearía que mi matrimonio hubiera funcionado, sé que lo hice lo mejor que pude y supe con las circunstancias que tenía. Mi decisión de separarme fue un acto de cuidado por mi bienestar y el de mi familia a largo plazo».

...

Una vez que hayas anotado estos pasos sobre papel, te animo a cerrar los ojos, realizar tres respiraciones profundas y pasar al siguiente paso.

...

5. **Visualiza la madeja desenredada:** imagina que cada pensamiento negativo es un nudo en tu madeja de lana. Con cada pensamiento reescrito y racionalizado, visualiza cómo desenredas ese nudo, cómo se suaviza y se alisa ese hilo.

6. **Practica la autocompasión:** puedes repetirte a menudo afirmaciones positivas y comprensivas del tipo: «Hice lo mejor que pude en ese momento», «Me perdono por no ser perfecto», «Elijo aprender y crecer a partir de mis experiencias»... Recuerda que todos cometemos errores y que la perfección no es el objetivo, sino el aprendizaje y el crecimiento.

ERRAR ES DE HUMANOS

¿Sabes que el concepto de «culpa» viene del término griego «*hamartia*» (ἁμαρτία) que significa «errar el tiro»? Aristóteles lo introdujo en su *Poética*, y, curiosamente, este término no tenía la carga negativa que hoy en día le atribuimos. En ese entonces, «errar el tiro» se refería simplemente a no alcanzar el objetivo, como cuando un arquero no acierta en el blanco. No había juicio ni condena, solo la realidad de que no todos los tiros darán en el centro y que para aprender hay que fallar muchas veces.

¡Piénsalo! Todos aceptaríamos que para acertar en el blanco hacen falta incontables intentos y errores, ¿verdad? Así es la vida: un proceso constante de ensayo y error. Sin embargo, en lugar de darnos la oportunidad de errar, a menudo nos imponemos castigos internos y nos cargamos a cuestas una losa emocional que nos aplasta y nos llena de reproches. Y así, cada error se convierte en un juicio de valor hacia nuestra persona en lugar de ser una simple experiencia de aprendizaje.

El concepto original de *hamartia* nos invita a ser más compasivos con nosotros mismos. Errar no nos hace menos valiosos, sino más humanos. Nos muestra que estamos en un proceso de constante aprendizaje y que, cada vez que fallamos, tenemos la oportunidad de ajustar nuestro arco, de afinar nuestra puntería y volver a intentarlo.

Entonces, ¿por qué cargar con una culpa que nos inmoviliza? La culpa no tiene por qué ser esa condena que nos impide avanzar. Al contrario, si logramos verla desde la perspectiva de *hamartia*, la culpa se transforma en una maestra que nos ayuda a crecer. ¿Te imaginas vivir sin esa carga constante? Sería totalmente liberador.

TRANSFORMAR LA CULPA EN ORO

Imagina la belleza del concepto japonés «*kintsugi*». Esta técnica milenaria consiste en reparar objetos de cerámica rotos con una mezcla de resina y polvo de oro, dejando las grietas claramente visibles. El *kintsugi*, en lugar de ocultar las «cicatrices», las realza, transformando esas imperfecciones en algo más bello y valioso de lo que era originalmente.

Llevado a nuestra experiencia humana, el *kintsugi* simboliza que nuestros errores y nuestras culpas no nos hacen más débiles o defectuosos. Al contrario, si aprendemos a mirarlas desde la compasión y la aceptación, esas heridas pueden convertirse en las partes más valiosas de nuestra historia. Pueden ser como grietas reparadas en oro, donde cada lección aprendida, cada paso hacia la superación, añada brillo y fortaleza a nuestra existencia.

Cuando reconocemos que nuestras culpas y errores forman parte de nosotros, pero no nos definen, abrimos un espacio de sanación. No se trata de esconder o borrar lo que hemos vivido, sino de permitirnos ser transformados por ello. Piensa en las cicatrices emocionales no como signos de debilidad, sino como marcas que reflejan nuestra resiliencia y nuestro poder de reconstrucción.

La verdadera alquimia del alma consiste en no identificarnos con nuestras culpas, sino en verlas como oportunidades para aprender y crecer. Así como el *kintsugi* hace que un cuenco roto se vuelva más hermoso con sus grietas doradas, nosotros también podemos embellecer nuestra vida con esas lecciones, asumiendo que somos el resultado de todos nuestros errores y aciertos. La culpa no es más que una parte de nuestra historia, no su totalidad.

Nuestra capacidad de aceptar y embellecer nuestros fallos, igual que el artesano hace con la cerámica rota, nos transforma. Al hacerlo, cada dolor puede ser un trazo de oro en nuestro ser, un recordatorio de que somos más fuertes y sabios por todo lo que hemos vivido.

Tu alma no necesita perfección, necesita aceptación. Porque en esa aceptación está tu verdadera grandeza.

Transforma tu culpa en oro

Te animo a hacer este ejercicio para que puedas transformar tus heridas emocionales en fortalezas.

Materiales:

- Una hoja de papel o un cuaderno.
- Bolígrafo o lápices de colores.
- Opcional: una imagen de un objeto roto (o incluso una imagen de una pieza de *kintsugi* si prefieres algo visual).

Instrucciones:

1. **Visualiza tus grietas emocionales:** siéntate en un lugar cómodo y cierra los ojos durante unos minutos. Piensa en las áreas de tu vida en las que has sentido culpa, como si fueran grietas en tu interior. Observa cómo esas experiencias han dejado marcas. No juzgues las emociones, simplemente observa.
2. **Dibuja tu grieta:** abre los ojos y toma tu hoja de papel o cuaderno. Dibuja una forma sencilla (puede ser un plato, una taza o cualquier objeto que te venga a la mente). A continuación, dibuja una línea que represente una grieta en ese objeto. Esa grieta simboliza una situación concreta de culpa que has experimentado.
3. **Escribe la causa de la grieta:** al lado de la grieta, anota brevemente la causa de la culpa. Puede ser algo como «culpa por no haber pasado tiempo suficiente con mi familia» o «culpa por cometer un error en el trabajo». No te extiendas demasiado, solo identifica la fuente.
4. **Reflexiona sobre el aprendizaje:** justo al lado de la grieta, escribe lo que has aprendido o lo que podrías aprender de esa situación. ¿Qué te ha mostrado esa experiencia sobre ti mismo o sobre los demás? ¿Cómo has crecido a partir de ella? ¿Cuál ha sido el aprendizaje?
5. **Repara la grieta con oro:** usa lápices dorados o de colores brillantes para dibujar sobre la grieta que marcaste antes. En lugar de ocultar el daño, embellece esa grieta. Esta es una representación visual de cómo, al aceptar y aprender de tu culpa, te haces más fuerte, más sabio y bello por dentro.
6. **Agradece el proceso:** una vez que hayas completado el dibujo, mira el resultado final. Tómate un momento para agradecer el proceso de reparación, tanto emocional como simbólicamente.

Agradece las lecciones aprendidas y reconoce que las «grietas» te han hecho más resiliente y valioso.

7. **Repite cuando sea necesario:** cada vez que experimentes una nueva situación que te haga sentir culpa, repite este ejercicio. Con el tiempo, notarás que lo que antes veías como una debilidad, comienza a transformarse en una fuente de fuerza. Cuando lo necesites, regresa a este ejercicio. Mira el dibujo de tus grietas reparadas con oro, y recuerda que tus «imperfecciones» son parte de lo que te hace único, fuerte y valioso.

LA CARA AMABLE DE LA CULPA

Sí, has leído bien. La culpa, esa emoción que normalmente tratamos de evitar a toda costa, tiene dos caras, y una de ellas puede ser positiva.

A veces cometemos errores, a veces hacemos daño, y eso no nos convierte en malas personas. Solo nos recuerda que ¡no somos perfectos! Si logramos ver esos errores no como una condena, sino como un trampolín para aprender y crecer, la culpa se convierte en una aliada. Nos impulsa a reflexionar sobre nuestras acciones y sus consecuencias, y nos motiva a hacer cambios significativos.

Incluso el profesor J. Ray Wallace, de la Universidad de Berkeley, destaca en una entrevista para la BBC la importancia de encontrar un equilibrio saludable. Él dice que no debemos vivir atormentados por la culpa, pero tampoco ignorar el arrepentimiento como si no importara. Se trata de no dejar que la culpa nos paralice y de no evitarla para no sentirnos mal. Es un delicado equilibrio donde los errores se convierten en puntos de inflexión para transformarnos.

Aquí te dejo algunas de las maneras en que la culpa nos ayuda a mejorar:

1. **Nos ayuda a regular la conducta:** funciona como un sistema interno que nos alerta cuando nos desviamos de nuestros principios o normas personales. Es como un amigo honesto que nos señala con amabilidad qué debemos corregir.

2. **Promueve la moralidad:** nos recuerda qué es lo correcto y qué no, guiándonos hacia acciones más alineadas con nuestros valores y los de nuestra comunidad.

3. **Desarrolla la empatía:** nos ayuda a ponernos en la piel de otra persona a quien hemos lastimado y nos vemos impulsados a pedir perdón y reparar el daño.

4. **Previene comportamientos inapropiados:** gracias a la culpa podemos mantenernos en el camino correcto y evitar comportamientos que dañen a los demás.

5. **Aporta mayor autorreflexión:** nos invita a mirarnos con sinceridad, a evaluar nuestras creencias y ajustar nuestras acciones para que estén alineadas con lo que consideramos justo y verdadero.

6. **Fomenta las relaciones:** nos motiva a comunicarnos mejor con el prójimo, corregir errores y fortalecer nuestros vínculos con los demás.

Como ves, la culpa no siempre es negativa. En su forma más saludable, nos sirve de brújula interna, nos obliga a detenernos, reflexionar y actuar con mayor conciencia. Pero cuando se convierte en una autocrítica destructiva, ahí es cuando debemos intervenir, cuestionarla y suavizarla con autocompasión.

El verdadero crecimiento no se mide por la falta de errores, sino por la capacidad de perdonarte cada vez que fallas.

Ejemplos en la gran pantalla

No sé si habrás visto la película *Gran Torino* (2008), dirigida y protagonizada por el maestro Clint Eastwood. En ella, Walt Kowalski (Clint Eastwood), un veterano de guerra muy amargado y racista, vive en un barrio multicultural y se ve consumido por la culpa por todas sus acciones pasadas. Cuando su joven vecino, Hmong Thao, intenta robar su preciado coche Gran Torino, Walt decide acogerlo y enseñarle habilidades y valores. Este acto no solo ayuda a Thao y a su familia, sino que también permite a Walt redimir su culpa y encontrar la paz, gracias al hecho de ayudar a los demás.

Otro ejemplo en el cine es *La lista de Schindler* (1993), dirigida por Steven Spielberg. Oskar Schindler (Liam Neeson), un empresario inicialmente interesado solo en las ganancias, siente una profunda culpa al ver las atrocidades del Holocausto. Esa culpa lo despierta de su apatía, transformándolo en un protector de vidas. Su culpa no lo destruye; le da la fuerza y el coraje para actuar, arriesgando su vida para salvar a otros.

La culpa legítima o saludable nos ayuda a darnos cuenta de nuestros errores, pedir perdón y ayudar a los demás.

UN MUNDO MEJOR

La culpa puede ser una fuerza positiva cuando se maneja con sabiduría. Puede motivarnos a ir más allá de nuestras propias limitaciones y a actuar en beneficio de los demás. Lejos de ser un peso que nos hunda, la culpa puede ser la chispa que encienda la voluntad de cambio, una fuerza que nos empuje a hacer del mundo un lugar mejor.

Hace muchos años, mis padres tomaron la valiente decisión de adoptar a mi hermano menor en un orfanato de México. César tenía ocho años entonces, pero, antes de su llegada a Barcelona, el orfanato nos compartió muchas fotos y toda su historia. Conocer su vida me hizo sentir un profundo sentimiento de culpa. Yo tenía alrededor de veinte años en aquel momento y para mí esa información supuso una bofetada de realidad. Supongo que el hecho de vivir de cerca las enormes dificultades que atraviesan tres cuartas partes del mundo te abre los ojos de repente.

La cuestión es que sentí una enorme culpa, porque mientras era consciente de que había cientos de niños (y personas en general) esperando una mejor oportunidad, yo vivía llena de privilegios y amor. Sin embargo, esa fue una de las veces en que la culpa no se volvió destructiva, sino todo lo contrario. Fue una fuerza motivadora que me impulsó a actuar. Sentí la necesidad de contribuir con mi granito de arena y viajé hasta ese orfanato para quedarme durante varios meses como voluntaria. Sé que, en realidad, no cambié nada, y que quizás fui hasta allí simplemente para limpiar mi conciencia, pero esa experiencia me dio una lección de humildad y gratitud que nunca olvidaré.

La culpa es una oportunidad para reflexionar sobre el impacto de nuestras acciones. Puedes utilizar ese sentimiento para mejorar personalmente y también para contribuir a mejorar la vida de los demás.

Esto me hace pensar en aquellas personas que, inspiradas por ese mismo sentimiento, se convierten en defensores incansables de los derechos humanos, el medioambiente o las causas sociales. Activistas de organizaciones como Greenpeace, Médicos Sin Fronteras o Unicef, entre tantas otras, transforman su malestar interior en acciones que mejoran las vidas de las personas más vulnerables.

Este tipo de «culpa positiva», cuando se maneja bien, puede ser una poderosa fuerza que nos impulsa a hacer del mundo un lugar más justo y equitativo.

LA FUERZA PODEROSA DE LA CULPA

Algunas celebridades también han hecho un buen uso de su culpa positiva y su ejemplo puede inspirarte a hacer lo mismo con la tuya:

En su autobiografía *Me*, Elton John revela que se sintió responsable de la muerte de su amigo Ryan White, un joven activista del sida que falleció en 1990. Aunque Elton John no tuvo control sobre la enfermedad de White, se culpó a sí mismo por no haber hecho más para ayudar. Esta culpa irracional le causó una carga emocional significativa, interfiriendo con su bienestar y llevándolo a una profunda reflexión sobre su vida y sus acciones.

Elton John comenzó a sanar al reconocer que su culpa era irracional y al enfocarse en el legado positivo de Ryan White. Fundó Elton John AIDS Foundation, que ha recaudado millones para la investigación y prevención del sida, transformando su culpa en una fuerza para el bien. A través de la terapia y su trabajo filantrópico, Elton John ha encontrado un camino hacia la paz interior, demostrando que incluso las emociones más destructivas pueden ser superadas con apoyo y propósito.

****

Demi Lovato ha enfrentado muchos desafíos a lo largo de su vida, incluyendo problemas de salud mental, adicciones y numerosas experiencias traumáticas. En su documental *Dancing with the Devil* (*Bailando con el diablo*) confesó sentir mucha culpa por sus continuas recaídas y sus constantes problemas de salud mental. Sentía que no podía cumplir, ni consigo misma ni con sus seguidores. Sin embargo, gracias a la terapia y al apoyo de su familia, consiguió recuperarse y ha transformado su dolor en inspiración para otras personas. Creó una plataforma, Sandstone Care, para compartir su historia de lucha y recuperación, así como para desestigmatizar los problemas de salud mental y promover la importancia del cuidado personal y la terapia.

Puntos de luz: ¿qué hemos aprendido?

- Sentir culpa es parte de la experiencia humana. Aunque es inevitable y se manifiesta de distintas formas, aprender a reconocerla y cambiar nuestra relación con ella es clave para que no nos controle.
- La autoexigencia y el miedo a no ser suficientes suele alimentar nuestras culpas. Reconocer estas raíces es el primer paso para desmontar la autocrítica y suavizar la relación con nosotros mismos.
- El sentimiento de culpabilidad se construye basándose en las normas sociales, la educación y creencias arraigadas. Sin embargo, podemos desaprenderlas cuestionando y transformando esas creencias de manera consciente.
- Cuando la culpa se convierte en un castigo perpetuo y desproporcionado, afecta nuestra salud mental y física, limitando nuestro bienestar.
- Lo más poderoso que podemos hacer es cambiar nuestra perspectiva de los errores y convertirlos en lecciones, usándolos como peldaños para crecer.
- El *kintsugi* nos recuerda que nuestras grietas, como las de una cerámica reparada con oro, pueden ser embellecidas y transformadas en una fortaleza, haciendo del dolor una fuente de valor.
- A veces la culpa puede tener una cara positiva: nos ayuda a reflexionar, corregir nuestros errores y tomar decisiones más alineadas con nuestros valores. Cuando la gestionamos con sabiduría, la culpa puede ser una fuerza de cambio y crecimiento personal.

2. POR MI CULPA, POR MI CULPA, POR MI GRANDÍSIMA CULPA

> «Nadie fuera de nosotros puede gobernarnos interiormente. Cuando entendemos esto, nos volvemos libres».
>
> —Siddharta Gautama

«Yo confieso ante Dios Todopoderoso, y ante ustedes hermanos, que he pecado mucho de pensamiento, palabra, obra y omisión. Por mi culpa, por mi culpa, por mi gran culpa. Por eso ruego a Santa María siempre Virgen, a los ángeles, a los santos y a ustedes hermanos, que intercedan por mí ante Dios, Nuestro Señor. Amén».

Siempre me ha llamado mucho la atención esta oración. Se recita en misa golpeándose ligeramente el pecho mientras se pronuncian las palabras, lo que en kinesiología emocional podríamos relacionar con una «afirmación de triple acción», una corrección muy poderosa que consiste en decir, hacer y sentir al mismo tiempo.

Sé que para muchas personas esta oración tiene un significado de profunda introspección y arrepentimiento. Sin embargo, a mí siempre me ha transmitido una sensación de carga. Me parece un poco abrumadora, como si no pudiera encontrar el perdón en mí misma y necesitara intermediarios para alcanzarlo.

Aunque respeto profundamente que para muchos creyentes este ritual tenga un valor sanador y espiritual muy significativo, yo siento que, con cada palabra repetida, la culpa se afianza más en mí.

Crecí en un colegio de monjas y, aunque mis padres no fueran muy practicantes en eso de ir a misa, vivíamos bajo el lema de «Como Dios manda». La culpa era una compañera constante, tanto en la escuela como en casa.

Recuerdo rezar todos los días, por las mañanas al entrar al colegio y antes de acostarme. El rezo matutino era obligatorio, pero el de la noche era una elección mía; aunque debo admitir que era la culpa de no hacerlo la que mandaba. Yo no quería que Dios se enfadara conmigo, no te voy a engañar. Había un poco de miedo a no agradarle, o a que me condenara al infierno y eso, en aquel entonces, me aterrorizaba.

Hoy en día, cuando observo a mi hijo de nueve años, me doy cuenta de la libertad con la que crece, sin temor al juicio o al castigo. Aunque tiene sus propias ideas sobre la espiritualidad, no lleva esa carga que yo sentía. Y, en cierto modo, envidio esa ligereza.

Debo admitir que rezar me daba consuelo. Sentía que había alguien escuchándome al otro lado, alguien dispuesto a ayudarme y perdonarme. Aunque ya no practico el cristianismo de la misma manera, sigo considerando la espiritualidad como una parte esencial de mi vida. He encontrado otras formas de conectar con Dios, sin necesidad de recurrir a la religión como vehículo. Pero es curioso, porque, a veces, aún me sorprendo rezando igual que antes, pidiendo que todo salga bien, como cuando voy en avión y hay turbulencias… ¡viejos hábitos que no desaparecen del todo!

Sin embargo, junto con el consuelo, también estaba la culpa, siempre vigilante, especialmente cuando me enseñaron que, de algún modo, a lo largo del día siempre pecaba en pensamiento o acción. Menos mal que con el tiempo he aprendido a soltar esa losa tan pesada.

Este libro es precisamente mi forma de compartir ese proceso contigo. Porque esa gran culpa que te machaca no es más que una construcción de creencias y expectativas que hemos absorbido sin apenas darnos cuenta. Por eso te invito a preguntarte: ¿de dónde viene realmente esa culpa que siento? ¿Qué creencias están alimentándola? Y, lo más importante, ¿cómo puedo liberarme de ella?

Siéntete libre de cuestionar todas las creencias que te hacen cargar con culpa. No necesitas justificarte ante nadie más que ante tu propio ser.

EL PECADO ORIGINAL

La culpa se vive de maneras muy distintas según la perspectiva que adoptemos, ya sea en las religiones occidentales (abrahámicas) o en el pensamiento budista, que más que una religión es una filosofía de vida. En Occidente, solemos pensar en términos de «YO PECO», mientras que en el budismo se podría traducir más como «YO SUFRO». Gran contraste, ¿verdad?

En las religiones occidentales, «pecar» significa rendir cuentas a una autoridad externa. La culpa se interpreta bajo una mirada moral que sobrepasa el error: hablamos de pecado. En el budismo, no existe ese concepto. No hay «pecado» sino «sufrimiento». Las situaciones no son intrínsecamente buenas ni malas, simplemente *son*. Como dos caras de una misma moneda, lo bueno no puede existir sin lo malo.

Si cometemos un error, el budismo no nos califica como «indignos»; simplemente se entiende como una manifestación de nuestra ignorancia que se puede corregir. La responsabilidad recae sobre nosotros mismos, no en manos de una deidad. El sufrimiento adicional que sentimos no proviene del error en sí, sino de nuestra incapacidad para gestionar la situación. No se trata de redimirnos ante un poder superior, sino de entrenar la mente para reducir el sufrimiento. Al final, la compasión comienza con uno mismo.

	Pecado (religiones occidentales)	Sufrimiento (budismo)
Causa	Cometer actos inmorales	Ignorancia y apego
Relación con lo divino	Ofensa contra una deidad	Causa de sufrimiento interno
Responsabilidad	Redención externa	Responsabilidad propia
Solución	Arrepentimiento y penitencia	Alivio a través de la sabiduría
Efecto emocional	Sentirse indigno	Oportunidad para el crecimiento
Resultado final	Castigo y juicio	Comprensión y autocontrol

UN MUNDO SIN PECADO

¿Te imaginas un mundo donde la culpa no se viva de la forma en la que la conocemos? ¿Un lugar donde no carguemos con esa sensación que nos encoge el pecho y nos paraliza? Pues hay culturas en el mundo en las que es así. Esto nos invita a reflexionar sobre cómo podríamos cambiar nuestra relación con la culpa. Tener fe es algo maravilloso, y muchos familiares y amigos católicos me comentan que, para ellos, la religión siempre ha sido sinónimo de fe y esperanza, nunca de culpa. Nunca han sentido esa presión constante del juicio. ¿Y si todos hubiéramos interpretado la religión de esa manera, más libre y menos atada a la toxicidad de la culpa? Probablemente habríamos vivido con menos cargas emocionales, con el corazón más ligero.

Mi deseo al compartir estas páginas contigo es que encuentres un camino para liberarte de esa culpa que tanto dolor causa y que te atrevas a cuestionar si esas creencias (de todo tipo) que una vez te definieron aún te sirven hoy en día. Y, si ya no lo hacen, que puedas soltarlas con amor y compasión hacia ti mismo. Porque mereces vivir con más paz y menos peso en el alma.

LA CULPA A LO LARGO DEL TIEMPO

Para comprender mejor esta emoción tan pesada, necesitamos remontarnos al origen de su carga. Ya en la prehistoria, cuando los seres humanos comenzaron a vivir en pequeños grupos, surgieron normas de conducta para asegurar la cohesión y la supervivencia del clan. Estas normas a menudo incluían formas de castigo o sanciones para quienes las infringieran, lo que probablemente dio origen a un sentimiento primario de culpa. A medida que las sociedades se volvieron más complejas, también lo hizo el concepto de «culpa».

El pensamiento abstracto, que permitió a los humanos prever consecuencias y reflexionar sobre sus acciones, contribuyó significativamente al desarrollo de la culpa. Con el surgimiento de las primeras civilizaciones, como la mesopotámica, la culpa adquirió una dimensión religiosa. Los mesopotámicos creían que las desgracias y las catástrofes eran el resultado directo del enfado de los dioses, lo que se convirtió en una poderosa herramienta para mantener el orden social. Esta idea de que el sufrimiento en la vida era una consecuencia de las faltas personales y morales se adoptó por otras religiones importantes.

No hay evolución sin autoconocimiento.
Y el autoconocimiento comienza cuando te atreves a cuestionar tus creencias.

LA MANZANA QUE LO CAMBIÓ TODO

En el cristianismo, el concepto de «pecado original» es un claro ejemplo de cómo la culpa se institucionalizó como una forma de control social y moral. Según la Biblia, desde el inicio de los tiempos, Dios creó al hombre y a la mujer, dándoles dominio sobre todos los seres vivos. Sin embargo, cuando la serpiente tentó a Eva para que comiera del fruto prohibido, todo cambió. Eva y luego Adán desobedecieron a Dios, lo que resultó en la expulsión del paraíso y en la carga del pecado original.

Fue san Agustín de Hipona quien, en el siglo IV, desarrolló la doctrina del pecado original interpretando el relato del Génesis como una condena no solo para Adán y Eva, sino para toda la humanidad. ¡Y ahí lo tenemos: EL PECADO! Y es que no es lo mismo errar, que pecar. Errar es una acción concreta, un desliz que todos cometemos. Pero pecar… pecar es un mensaje grabado a fuego lento en nuestra psique, que nos dice que hemos transgredido algo sagrado, que hemos roto un pacto inquebrantable con la divinidad.

PECADO= CULPA+PENA

El pecado es la suma de la culpa y la pena. La culpa es vista como la ofensa a Dios, mientras que la pena es el castigo que esa ofensa merece. Es como una cicatriz espiritual que permanece en nuestro interior y que requiere actos de expiación para sanarse. Con el tiempo, la percepción de la culpa ha evolucionado, pero su esencia sigue siendo la misma.

Está claro que el sentimiento de culpa no es el mismo ahora que en la Edad Media, ni siquiera que cuando yo era una niña o cuando mis padres eran jóvenes.

Hubo un tiempo en el que me enfadé con la religión, con todas esas normas que parecían limitar mi libertad y que venían acompañadas de la sombra constante de la culpa. Mi familia, en aquel entonces, tenía ideas algo arcaicas que influían en los límites que me imponían. La idea de convivir antes del matrimonio, la sexualidad y lo que estaba bien o mal eran temas que siempre se regían bajo la vigilancia de la culpa. Sentía que estas restricciones coartaban mi libertad de decidir y de descubrir quién era yo realmente, más allá de esas normas preestablecidas.

Con el tiempo, sin embargo, me di cuenta de algo importante: mi enfado no era con la religión en sí, sino conmigo misma. No había estado por encima de esos mandatos, no conocía mi propia voz. Y entender esto no es fácil. Es un proceso que requiere madurez y mucho autoconocimiento. Es un viaje hacia la adultez que implica recorrer kilómetros por el sendero del autodescubrimiento, ganando asertividad y confianza para expresar nuestra verdadera esencia.

Cuando somos niños, es casi imposible ver esto, pues, como ya sabes, es el adulto el que narra y etiqueta nuestra historia. Pero es el autoconocimiento el que, con el tiempo, nos devuelve nuestra voz y nos permite deshacer el nudo de la culpa para vivir con más libertad y autenticidad, tal como te explicaré en estas páginas.

YO CONFIESO

A lo largo de mi vida me habré confesado, como mucho, cuatro veces cuando era niña y, a decir verdad, no me gustó nada la sensación. Para empezar, no sabía cómo explicarle al sacerdote lo que me preocupaba, ya que sentía que nuestros mundos eran completamente distintos y que no podría entender mis problemas. Claro, lo que realmente quería era un aliado que me comprendiera, no un juez. Así que, para salir del paso, opté por resumir mis «pecados» en grandes categorías: «He mentido», «No he obedecido a mis padres» o «No me he esforzado lo suficiente en un examen». Básicamente, cumplí con el trámite, pero lejos de sentir alivio, sentí que estaba declarando ante un juez.

Mi experiencia me recuerda a la película *Yo confieso* de Hitchcock. En ella, el protagonista, un sacerdote interpretado por Montgomery Clift, carga con un secreto ajeno que no puede revelar. La confesión, en lugar de ser un medio de liberación, se convierte en una cadena que lo mantiene atado a un dilema ético y moral. Al igual que el sacerdote, yo me encontraba atrapada en mis propias limitaciones al confesarme. Él no podía romper el voto de silencio, y yo no lograba expresar realmente lo que me inquietaba. Ambos estábamos atrapados, él en su promesa y yo en la necesidad de encajar mis sentimientos dentro de un marco preestablecido. En lugar de sentirme comprendida, me sentía todo lo contrario, simplemente cumpliendo con un trámite que no aliviaba mi carga.

Si bien no volví a confesarme como parte de una práctica religiosa formal, podría decir que, a lo largo de los años, he pasado horas interminables «confesándome» a través de la psicoterapia, las conversaciones con amigos, con algún maestro, en mi formación de yoga, o, incluso, en los diarios personales. Pero a diferencia de Hitchcock, yo no buscaba cumplir con una obligación externa, sino encontrar mi propio perdón, para comprenderme mejor y liberarme de los patrones dañinos que repetía.

El simple acto de decir en voz alta lo que te atormenta tiene un poder liberador inmenso. A veces no se trata de encontrar una solución, sino de ser escuchado, de ver tus pensamientos reflejados de una manera nueva. Aunque, tengo que *confesarte* que también he aprendido a encontrar las respuestas y la liberación en el silencio. Pero eso lo hablaremos en los próximos capítulos. Saber que alguien te escucha, te valida y no te juzga, es una herramienta poderosa y muy sanadora.

LA CONFESIÓN A LO LARGO DEL TIEMPO

La confesión está documentada en textos religiosos como la Biblia, tiene sus raíces en la tradición judaica y ha evolucionado en distintas formas en el catolicismo, la ortodoxia y el protestantismo. Pero más allá de su contexto religioso, la confesión ha jugado un papel crucial en la historia como un acto de rendición de cuentas, control social y, a veces, de redención personal.

En la antigua Grecia, por ejemplo, los ciudadanos confesaban sus errores en la asamblea pública. Era un acto de valentía pararse frente a todos y admitir que te habías equivocado. No solo te juzgaban, sino que a veces, incluso, te perdonaban. Eso sí, todo el mundo conocía tus fallos. Un poco como el *Ministerio de los andares tontos* de Monty Python, donde se ridiculizan las normas sociales al mostrar lo absurdo de estos rituales. La diferencia es que en la Grecia clásica no había humor que suavizara la situación.

En la China imperial, la confesión pública también se utilizaba como una herramienta del Estado para garantizar la obediencia y cohesión social. Era un recordatorio constante de que el poder siempre te estaba observando, y al igual que en Grecia, la confesión funcionaba como un mecanismo para asegurar el control de la población.

Durante la Edad Media europea, la Iglesia católica tomó las riendas de la gestión de la culpa. La confesión ante un sacerdote y la penitencia se convirtieron en herramientas claves para limpiar el alma y asegurar el perdón divino. Al mismo tiempo, reforzaban el control social y moral. La doctrina del purgatorio solo intensificó esta necesidad de confesar y expiar los pecados.

Este enfoque sobre la culpa y la expiación se reflejaba en la cultura de la época. Obras como la *Divina comedia* de Dante Alighieri mostraban cómo la culpa y la penitencia moldeaban la visión del mundo y la moralidad de la sociedad medieval. Incluso en la famosa película *El nombre de la rosa* (basada en la novela de Umberto Eco), ambientada en un monasterio medieval, la culpa y la redención son temas centrales en los misterios y conflictos teológicos.

La Reforma Protestante del siglo XVI, liderada por figuras como Martín Lutero y Juan Calvino, produjo un cambio radical en la percepción y práctica de la culpa y eliminó la necesidad de confesarse ante un sacerdote. Más tarde, durante la Ilustración, en el siglo XVII, ya se cuestionaron muchas creencias religiosas, incluidas las relacionadas con la culpa y el pecado. Filósofos como Voltaire y Rousseau sugirieron que la culpa era más bien una construcción social y psicológica. La Revolución Industrial del siglo XIX y el posterior desarrollo de la psicología en el siglo XX continuaron transformando la manera en que percibimos la culpa. Sigmund Freud y otros psicólogos empezaron a explorar la culpa como un conflicto entre nuestros deseos más profundos y las normas sociales que absorbemos a lo largo de nuestra vida. Freud fue pionero en señalar que la culpa no era solo una cuestión moral o religiosa, sino que tenía raíces profundas en el inconsciente.

Hoy en día, aunque las fuentes de culpa han cambiado, sigue siendo una fuerza poderosa.

La confesión en la era digital

En la era moderna, hemos encontrado nuevas formas de liberarnos emocionalmente, y una de ellas es la confesión en internet. Un ejemplo de esto es el portal **SecretRegrets**, donde personas de todo el mundo comparten anónimamente sus mayores arrepentimientos. Un usuario confiesa: «Me arrepiento de no haber estudiado más en la universidad y, en vez de eso, haberme acostado con cerca de cincuenta tipos». Otro expresa: «Me arrepiento de haber llamado "retrasado" a mi hermano y haberme burlado de su discapacidad. Eso le hizo mucho daño».

Kevin Hansen, creador de **SecretRegrets,** comenta que muchas personas utilizan su sitio como una válvula de escape, porque encuentran un espacio seguro donde no serán juzgados.

Confiesa tus «pecados»

Este ejercicio te va a permitir expresar esas culpas o remordimientos acumulados para que puedas ser completamente honesto contigo mismo:

1. **Prepara tu espacio:** encuentra un lugar tranquilo donde estar a solas. Puedes acompañarte de música suave y una velita, si lo prefieres.
2. **Crea tu «confesionario»:** toma un cuaderno, una hoja de papel, o abre un documento en tu ordenador o teléfono. Si prefieres hacerlo más simbólico, puedes crear una especie de buzón de confesiones en el que irás depositando tus escritos. Siéntete libre de ser creativo en este punto.
3. **Conéctate con tus emociones:** respira profundamente unas cuantas veces para centrarte. Piensa en las cosas que has estado cargando

emocionalmente, como culpas, arrepentimientos o remordimientos. Permítete conectar con ellas sin juicio ni rechazo.

4. **Escribe tu confesión:** escribe en tu confesionario aquello de lo que te arrepientes. Imagina que estás hablando con alguien completamente imparcial, sin miedo a ser juzgado. Algunas preguntas que pueden ayudarte a comenzar son:
   - ¿De qué te arrepientes más en la vida?
   - ¿Qué culpa has estado llevando durante mucho tiempo?
   - ¿Qué te gustaría confesar, aunque sea algo que nunca hayas compartido con nadie?
   - ¿Qué desearías haber hecho diferente?
5. **Libérate del juicio:** escribe de manera fluida, sin detenerte a corregir o juzgar lo que sale. Este es un espacio para ser completamente honesto y vulnerable. Puedes expresar tus emociones más profundas, incluidas aquellas de las que te avergüenzas o que has mantenido en secreto. Deja que las palabras fluyan libremente.
6. **Reflexiona sobre tu confesión:** una vez que hayas terminado de escribir, tómate un momento para reflexionar. Lee lo que escribiste, pero hazlo desde un lugar de comprensión y compasión hacia ti mismo. ¿Cómo te sientes al haber sacado esto a la luz? ¿Sientes un alivio o mayor claridad?
7. **Deja ir la carga emocional:** cierra los ojos y visualiza cómo esa culpa o arrepentimiento se disipa, se desvanece como una nube que se aleja. Repite mentalmente: «Me libero de este peso. Elijo perdonarme y avanzar».
8. **Guarda o destruye tu confesión:** aquí tienes dos opciones, dependiendo de lo que te haga sentir mejor:
   - **Guardarla:** si prefieres, puedes guardar tu confesión en tu cuaderno o en un lugar especial. Esto te permitirá volver a ella en otro momento si necesitas reflexionar más.
   - **Destruirla:** si sientes que necesitas un cierre más definitivo, puedes destruir tu confesión de manera simbólica: rompe el papel, quémalo, o elimínalo si lo escribiste digitalmente. Esto simboliza dejar ir esa carga.

9. **Agradece y continúa:** después de liberar tu confesión, siéntete agradecido por el proceso. Agradece tu valor para enfrentar tus emociones y darte el espacio para confesarlas.

Puntos de luz: ¿qué hemos aprendido?

- En muchas tradiciones religiosas, la culpa se asocia con el pecado, y el perdón se alcanza a través de la penitencia y la intervención de una autoridad espiritual. Sin embargo, esta práctica puede transmitir la idea de que no somos capaces de autoperdonarnos sin intermediarios.
- El concepto de «pecado original» fue instaurado como una condena universal que nos posiciona como culpables desde el nacimiento. Esto puede generar una carga emocional y espiritual difícil de superar. Comprender su origen cultural nos ayuda a cuestionar su impacto en nuestras vidas.
- La culpa se experimenta de forma distinta según cada creencia. En la tradición cristiana, el pecado y la culpa están presentes desde el nacimiento con el pecado original. Sin embargo, en el budismo, no existe el concepto de «pecado»; lo que hay es sufrimiento. El foco no está en redimir una falta, sino en aprender y liberarse de ese sufrimiento.
- Desde tiempos antiguos, la culpa ha sido una herramienta para asegurar la cohesión social y el cumplimiento de las normas. Aunque las formas de control han cambiado, la culpa sigue presente en la sociedad actual.
- Identificar las creencias que sostienen la culpa es el primer paso para liberarnos de ella. La culpa se perpetúa por las normas y los valores que hemos aprendido, pero podemos desaprender esas ideas y decidir por nosotros mismos si queremos seguir cargando con ese peso.
- Aprender a perdonarnos a nosotros mismos es fundamental. No necesitamos intermediarios para liberarnos de la culpa, sino desarrollar la capacidad de aceptarnos y entendernos desde la compasión.

3. CREER O NO CREER EN LA CULPA, ESA ES LA CUESTIÓN

«La creencia en algo lo hace real, pero también limita lo que es posible fuera de este marco».

—Ralph Waldo Emerson

Imagínate a un pájaro en una jaula con la puerta abierta. No se atreve a salir porque no sabe que puede volar. Así es como la culpa nos mantiene presos, incluso cuando la posibilidad de liberarnos está justo frente a nosotros. La clave está en romper con esa cadena de pensamientos que nos hace creer que no tenemos alas para volar.

Crecemos rodeados de creencias transmitidas por nuestros padres, la sociedad, la cultura y la religión, como si fueran la verdad absoluta. Sin darnos cuenta, esas creencias se convierten en las lentes con las que miramos la vida. Y, en muchos casos, terminan marcando nuestras decisiones, nuestras relaciones y, cómo no, nuestras culpas.

Cuestionar lo que has creído siempre es un acto de valentía. Al otro lado de esta duda está tu verdadera libertad.

Este capítulo es una invitación a detenernos y reflexionar: ¿de dónde vienen esas ideas que moldean nuestra manera de criar, de amar y de ser? ¿Son nuestras? ¿O simplemente las heredamos sin cuestionarlas? A veces, esas creencias están tan arraigadas que ni siquiera las notamos, pero están ahí, susurrándonos al oído, haciéndonos sentir que estamos fallando de alguna manera.

¿Y si nos atreviéramos a desafiar esas creencias? ¿A reescribirlas, transformarlas, liberarnos de ellas? Porque al final, la pregunta no es si creemos o no en la culpa, la verdadera cuestión es: ¿estamos listos para dejar de cargar con ella y vivir desde un lugar más libre, más amoroso y consciente?

¿PICAPIEDRA EMOCIONAL?

Nuestra sociedad ha avanzado a la velocidad del sonido en los últimos años, sin embargo, siento que apenas estamos saliendo de una especie de prehistoria emocional. La influencia de la educación judeocristiana centrada en el castigo y la culpa como método educativo, ha dejado una huella profunda en generaciones. Sin darnos cuenta, seguimos usando las mismas «herramientas de piedra» que a menudo nos hicieron daño. Pero ¿por qué seguimos haciéndolo? Se me ocurren varias razones:

- Nos aferramos a lo que conocemos.
- Creemos que no hay otra manera.
- Tenemos poco conocimiento de nosotros mismos.
- No «condenamos» aquello que nos hizo daño y seguimos perpetuando esos ciclos.

La culpa no tiene poder por sí sola. Es el significado que le damos el que la hace tan pesada.

Todavía hoy escucho a personas defender el «tortazo a tiempo» o la «palmada en el culo» como si eso no fuera pegar. A menudo, estas ideas están respaldadas por frases del estilo: «A mí me pegaron y no me pasó nada; mírame, estoy bien». Pero esta justificación muchas veces oculta un miedo profundo a enfrentarnos al dolor que alguna vez experimentamos, a romper el mandato de «Honrarás a tu padre y a tu madre», como si cuestionar la crianza fuera un acto de traición.

Es entendible que enfrentarnos a ese dolor cueste, pero es realmente liberador y sanador. Porque, aunque lo ignoremos, aunque le demos la espalda, ese dolor no desaparece. Vive dentro de nosotros, afecta nuestras reacciones, y distorsiona nuestra visión del mundo y hace que lo interpretemos desde esas heridas. Condenar lo que hicieron mal no significa condenar a nuestros padres, ni mucho menos. Significa entendernos mejor a nosotros mismos y evitar repetir esos patrones.

Nuestros padres lo hicieron lo mejor que pudieron con lo que sabían en ese momento. El pasado no se puede cambiar, pero el presente sí, y hacernos responsables de nuestro bienestar es el primer paso.

Quizás tus padres te pegaron, chantajearon, gritaron, convencidos de que era «por tu bien» (al igual que la sociedad lo veía así). Es posible que muchas de tus heridas emocionales, como la baja autoestima o los sentimientos de abandono, tengan su origen en esas experiencias. Es probable que tengas emociones reprimidas que necesitan ser atendidas. Pero estoy segura de que también hubo infinitos momentos de amor y de cuidado que el dolor no te deja reconocer. Recuerdo haber leído a Thich Nhat Hann hablar sobre cómo nuestros padres, aunque nos reñían, también eran los que pasaban noches enteras sin dormir, velando por nosotros, los que estaban al pie de nuestra cama cuando estábamos enfermos, los que nos colmaban de besos y nos acompañaban al colegio y un largo etcétera.

Atender esas partes lastimadas en nosotros es tan importante como consolar a un niño que sufre por un conflicto. Date tiempo para sanar, para equilibrarte, para dejar de sentirte culpable y, si es necesario, aléjate mientras sanas. Así podremos reconocer que, aunque nuestros padres cometieron errores, también hubo aciertos. No se trata de honrarlos por mandato, sino de hacerlo, si lo sentimos, desde un lugar de entendimiento y aceptación. Al fin y al cabo, ellos también fueron víctimas de la misma cadena de creencias y patrones que nosotros ahora estamos aprendiendo a desmantelar. Pero ¡ojo! No podemos ignorar la influencia de nuestros padres y de las generaciones anteriores, ya que existen creencias, traumas y emociones como la culpa que se transmiten de forma silenciosa.

Desafiar las creencias con las que creciste no es un acto de traición, sino de coraje. Mereces entender quién eres más allá de lo que te enseñaron.

NO SOLO HEREDAMOS EL COLOR DE LOS OJOS

La culpa no se detiene en nuestras vidas; en muchos casos, se transfiere de generación en generación como una sombra. Este fenómeno, conocido como «culpa transgeneracional», implica que las emociones no resueltas y las creencias limitantes de nuestros antepasados pueden filtrarse en nuestras propias vidas. De hecho, los estudios sobre psicología transgeneracional y epigenética sugieren que no solo heredamos los genes de nuestros padres, sino también los traumas emocionales, incluidas las creencias limitantes y el peso de la culpa.

Por ejemplo, si nuestros abuelos vivieron bajo estrictos mandatos religiosos y culturales que dictaban lo correcto y lo incorrecto en cada aspecto de sus vidas, es posible que esos preceptos inconscientes sigan influyendo en nosotros hoy. Sin darnos cuenta, actuamos bajo las mismas normas restrictivas, perpetuando el ciclo de culpa y autocastigo. Este legado emocional puede aparecer en pequeños comportamientos, como el temor a cuestionar la autoridad, sentir que debemos complacer a los demás para obtener aprobación, o el constante miedo al fracaso.

El psicólogo francés Didier Dumas explicaba que los secretos familiares y las creencias no verbalizadas pueden tener un impacto significativo en las generaciones posteriores, lo que él llamaba «bloqueos transgeneracionales». Según Dumas, estas cargas emocionales, que no fueron procesadas adecuadamente por nuestros antecesores, encuentran maneras de manifestarse en las generaciones siguientes. Así como una herida física no sanada puede dejar cicatrices visibles, una herida emocional no atendida deja marcas invisibles que afectan nuestro comportamiento y nuestra percepción de la vida.

Imagina, por ejemplo, que tu abuela o bisabuela experimentó un trauma intenso, como la pérdida de un ser querido o una guerra. Puede ser que ese dolor nunca se haya expresado o procesado completamente; en lugar de ser liberado, quedó atrapado en su interior y, de alguna manera, se transmitió a las siguientes generaciones. Aunque no hayas vivido directamente esa experiencia, podrías sentir sus efectos en forma de miedos irracionales, ansiedad inexplicada o incluso patrones de comportamiento que parecen surgir de la nada.

El concepto de «trauma transgeneracional» fue estudiado por psicólogos como Didier Dumas, quien descubrió, a través de su trabajo clínico, que los pacientes que presentaban bloqueos emocionales o reacciones irracionales a ciertas situaciones a menudo estaban repitiendo patrones que tenían sus raíces en la vida de sus ancestros. Estos «secretos emocionales» que nunca se compartieron conscientemente, de igual forma se transmiten y afectan nuestras decisiones y emociones.

Uno de los casos más comunes de esto es cuando las creencias limitantes sobre el valor propio, la seguridad o la confianza en el mundo se transmiten a los hijos y nietos. Por ejemplo, si en una familia hubo un evento traumático de pérdida económica significativa, es posible que generaciones posteriores desarrollen una relación compleja y problemática con el dinero, incluso sin haber experimentado la pérdida original. Este tipo de creencias limitantes se establecen en el inconsciente familiar y moldean las decisiones y percepciones de las generaciones futuras, limitando sus posibilidades de crecimiento o bienestar.

Te pondré un ejemplo de cómo el trauma transgeneracional puede afectar a las personas. La neurocientífica y psiquiatra Rachel Yehuda, del Hospital Mount Sinai de Nueva York, realizó un estudio sobre los hijos de supervivientes del Holocausto y descubrió que tenían niveles elevados de cortisol, la hormona del estrés, lo que indicaba que biológicamente lo habían heredado, a pesar de no haber vivido los horrores de la guerra. Este tipo de investigaciones revela que el impacto del trauma no es solo psicológico; también puede ser biológico, ya que queda grabado en el cuerpo y se transmite de una generación a otra.

Lo fascinante de este enfoque es que nos invita a mirar más allá de nuestras propias experiencias de vida y considerar que, a menudo, la culpa que sentimos o los bloqueos que experimentamos provienen de estas historias familiares no resueltas.

Así que, si alguna vez te has sentido atrapado en una creencia limitante o has experimentado una reacción emocional desproporcionada ante una situación determinada, podrías estar lidiando con algo más profundo: un legado emocional que te fue transmitido por generaciones anteriores. Este legado puede incluir no solo las experiencias dolorosas de tus antecesores, sino también sus estrategias para lidiar con la vida, sus creencias sobre lo que es seguro o peligroso, y sus maneras de enfrentar la culpa o el sufrimiento.

Entender esto nos permite comenzar a liberar esas cargas y nos da el poder de romper con esos ciclos y de elegir conscientemente cómo queremos vivir, libres de los bloqueos del pasado. Al reconocer que estas emociones no siempre nos pertenecen del todo, podemos empezar a sanar y a redefinir nuestras creencias, dándonos permiso para crear nuevas narrativas más saludables para nosotros y para las generaciones futuras.

Antes de continuar te propongo un ejercicio que mezcla la visualización, la escritura y el ritual simbólico, para que puedas liberarte de esas cargas.

Liberación del legado emocional

Este ejercicio es una herramienta poderosa para comenzar a despejar las creencias limitantes, culpas y traumas que hemos heredado de nuestras generaciones anteriores.

1. **Crea tu árbol genealógico emocional:**
    - **Dibuja tu árbol genealógico:** en una hoja de papel, dibuja tu árbol genealógico; puedes incluir a tus padres, abuelos y bisabuelos, si conoces algo de su historia.
    - **Identifica los patrones emocionales:** a continuación, piensa en los patrones de emociones, traumas o creencias limitantes que podrían haberse transmitido. Pregúntate:
        - ◊ ¿Hubo experiencias traumáticas que afectaron a mis antepasados? (Guerras, migraciones, pérdidas económicas, muertes tempranas).
        - ◊ ¿Qué creencias dominaban en su vida? (Miedo, escasez, culpa, vergüenza, sacrificio).
        - ◊ ¿Cómo podrían esas creencias haber sido transmitidas a través de la crianza o el comportamiento familiar?
    - **Escribe los patrones repetitivos:** en el árbol, anota las emociones o creencias que parecen haberse repetido a lo largo de las generaciones, como «miedo al abandono», «necesidad de control», «culpa por el éxito», etc. Estos patrones podrían ser heredados a través de la familia.

2. **Realiza una visualización de liberación:**
    - **Relájate:** encuentra un lugar tranquilo donde puedas relajarte sin interrupciones. Siéntate cómodamente y cierra los ojos. Haz varias respiraciones profundas, inhalando por la nariz y exhalando lentamente por la boca.

- **Imagina a tus antepasados:** visualiza la presencia de tus antepasados frente a ti y siente que te conectas con ellos. Imagina que puedes hablar con ellos. Puedes decirles algo parecido a: «Reconozco las dificultades que enfrentaste. Te doy las gracias por lo que has pasado y por lo que has transmitido, pero ahora elijo liberar estas cargas que no me pertenecen».
- **Libérate:** visualiza cómo esa energía pesada (que representa creencias limitantes, dolor o traumas) empieza a disiparse. Puedes imaginar una luz dorada envolviendo a tus antepasados y liberándolos, así como liberándote a ti mismo. Siente cómo la carga emocional se desvanece lentamente.

3. **Escribe una carta de liberación:**
   - **Manos a la obra:** toma papel y lápiz y escribe una carta de liberación a tus antepasados o a las creencias limitantes que has identificado. Puedes empezar con frases similares a estas:
     - ◊ «Queridos antepasados, reconozco las experiencias dolorosas que vivisteis y las creencias que desarrollasteis a partir de ellas».
     - ◊ «Hoy elijo honraros, pero también elijo liberar las creencias limitantes que he heredado. Las agradezco, pero ya no me sirven para avanzar».
   - **Expresa tus sentimientos:** escribe lo que sientes en relación con esas creencias o patrones, ya sea miedo, culpa o tristeza. Deja que tus emociones fluyan a través de la escritura. También expresa cómo deseas reemplazar esos patrones con nuevas creencias o formas de vivir que te empoderen.

4. **Haz un ritual de liberación:**
   - Después de escribir la carta, puedes realizar un ritual simbólico para marcar la liberación. Puedes quemar la carta, visualizando cómo las creencias limitantes se desvanecen junto con el humo; o bien, enterrarla, lo que simboliza el retorno de esas creencias a la naturaleza, donde serán transformadas y renovadas.

- Mientras realizas este ritual, afirma en voz alta: «Hoy me libero de las cargas que no son mías. Elijo crear una nueva historia para mí y mis descendientes, basada en el amor, la abundancia y la libertad».

PRIORIDAD: SANAR

Muchas de nuestras heridas abiertas, incluso las que no reconocemos, nos hacen sentir culpables o proyectar nuestras inseguridades en los demás. Por eso, es vital que empecemos a trabajar en nosotros mismos. Te aseguro que no hay mejor inversión para el resto de la vida que la que hacemos en nuestra sanación emocional.

El castigo, la culpa por errores, fallos o «mal comportamiento» han sido herramientas educativas que, como ya hemos visto, de manera consciente o inconsciente se han pasado de generación en generación. Afortunadamente, los tiempos cambian. Ahora sabemos más de la mente y de las emociones y conocemos otros métodos para «educar» o «acompañar» basados en la explicación, la reflexión, el descubrimiento y la experimentación. Aunque todavía nos queda mucho camino por recorrer.

Sin ir más lejos, el otro día le pedí perdón a mi hijo. Me he dado cuenta de que, fruto de la «desesperación» en la que caigo como madre, a veces utilizo la culpa como método educativo. Trato de tener toda la paciencia del mundo, pero en ocasiones la situación me supera y la pierdo. Después de alertar de algo quinientas veces, con mis mejores formas, mi mejor cara, mi mejor tono, llega un momento en que me sale: «Leo, es la séptima vez que te digo que no te comas las palomitas que caen al suelo (de la calle). A la próxima, habrá consecuencias». ¡Bingo! Ahí está, la manipulación a través de la culpa y el castigo.

¿No sería mejor que le explicara que el suelo está lleno de bacterias, toxinas, virus, suciedad, parásitos, residuos de heces y basura? Quizás si me tomara el tiempo para explicárselo bien, él mismo corregiría su comportamiento. Aprender algo y comprenderlo genera respeto hacia ello. Este respeto provoca el «buen comportamiento», si es que queremos usar esa etiqueta.

Piensa en algo que hayas descubierto, valorado y querido en tu vida. Todo lo que hemos llegado a conocer, amar y respetar nos lleva a sentirnos responsables por su bienestar. Si alguna vez causamos algún daño, nos sentimos motivados a corregirlo por convicción propia, no por miedo a alguna consecuencia externa. Aunque no te voy a mentir, la culpa funciona para eso, pero ¿a qué precio?

Si no estoy consciente como madre, presente, con mis sentidos enfocados, lo que me sale de forma automática es «el ordeno y mando» o el «porque lo digo yo». Afortunadamente, mi hijo no entiende ese método y no debería. No por ser un niño merece menos respeto que cualquier otra persona.

LA CULPA, MEJOR AMIGA DE LA DEPENDENCIA

Para que haya culpa, tiene que haber una dependencia emocional o psicológica hacia otra persona. En el caso de los niños, esta dependencia hacia los padres es natural. Necesitan su aprobación, su amor y guía para sobrevivir y desarrollarse. Pero cuando la crianza se basa en la manipulación a través de la culpa, el niño crece creyendo que su valor depende de satisfacer las necesidades y deseos de los demás. Frases del estilo: «No sé qué he hecho yo para que te portes así» o «No te voy a querer» son ejemplos clásicos de manipulación emocional que hemos escuchado y, a veces, incluso repetido, sin cuestionar su impacto.

Estos mensajes no solo se incrustan en nuestras mentes, sino que también son habituales en relaciones adultas, como veremos más adelante.

Cuando observemos estos patrones, es importante darnos cuenta de cómo las creencias que hemos heredado pueden perpetuar comportamientos dañinos, tanto en nuestra infancia como en nuestras relaciones a lo largo de la vida.

LO QUE CREES, MARCA LO QUE HACES

Mientras escribo estas líneas, estoy pasando unos días con mi familia y el tema de la culpa ocupa nuestras sobremesas. Desde que empecé a compartir mis reflexiones, todos hemos comenzado a identificar cuándo nos sumergimos en esta emoción. Es curioso, casi divertido, cómo ahora decimos «¡Oye, me estás generando culpa!». Se ha convertido en una *bandera roja*, un juego familiar que nos recuerda cuánto solemos usar la culpa como herramienta de persuasión.

Mi pareja, Toni, tuvo que asumir muchas responsabilidades desde muy joven. Su padre falleció cuando él tenía apenas quince años y tomó las riendas de la familia desde esa edad tan temprana. Quizás por ello ha desarrollado cierta distancia con la tristeza y le cuesta un poco lidiar con esa emoción en los demás. Mi hijo, por otro lado, es un niño supersensible y tiene las emociones a flor de piel. Es capaz de sentir profundamente y expresar lo que le pasa por dentro sin ningún reparo. Cuando Leo se siente disgustado, es capaz de llorar y de estar alegre a los diez minutos, cosa que a Toni le saca de quicio. «¡Leo no llores, no hace falta llorar!», y claro, eso frustra aún más a mi hijo.

Aquí es donde las creencias se manifiestan. En el fondo, Toni carga con la idea de que «manifestar tristeza es una muestra de debilidad» y que «no ayuda a avanzar». Gracias a nuestras reflexiones, hemos podido identificar esas creencias limitantes y, ahora, Leo ha aprendido a decirle a su padre:

—Papi, no te enfades cada vez que lloro porque me haces sentir que la culpa es mía. En serio, creo que eres tú el que no aguanta verme triste.

Es imposible no reírnos al escuchar esta frase tan reflexiva en un cuerpo tan pequeño. Pero, al menos, estamos aprendiendo a identificar esos patrones profundamente arraigados. Si, por ejemplo, yo pierdo la paciencia porque estoy estresada, trato de asumirlo, ver qué puedo hacer y no culpar (aunque no siempre lo logro). Si Leo está triste, su padre se acerca y puede decirle: «Está bien llorar, Leo. Todos nos sentimos tristes a veces», reconociendo su propia dificultad en tolerar esa emoción.

Identificar estos patrones es el primer paso para cambiar. Aceptar que, aunque nuestras intenciones sean buenas, a veces podemos causar más daño que beneficio al usar la culpa como herramienta. Por lo tanto, ahora que ya sabemos cómo funcionan estos patrones que generan culpa en los demás, estaremos atentos a la próxima bandera roja.

Nuestros padres o cuidadores creían sinceramente que la culpa era una herramienta educativa eficaz, como una especie de varita mágica para corregirnos. Para ellos, hacernos sentir culpables era la manera de enderezar nuestro comportamiento y de enseñarnos lecciones importantes. Pero ¿por qué pensaban así? Te contaré algunos de sus principales motivos:

1. **Creían que la culpa fomentaba la reflexión:** pensaban que, al hacernos sentir culpables, conseguirían que reflexionásemos sobre nuestros actos y aprendiésemos de ellos.

2. **Consideraban que la culpa era necesaria para mantenernos en el camino correcto:** creían que influir en nuestras decisiones a través de las emociones era crucial para guiarnos.

3. **Tenían expectativas emocionales desmesuradas:** a veces, se centraban tanto en que cumpliéramos con lo que esperaban de nosotros que no siempre tenían en cuenta nuestro bienestar emocional y psicológico.

4. **Dudaban de nuestra autonomía:** no siempre confiaban en nuestra capacidad para tomar decisiones por nosotros mismos, y creían que la culpa era necesaria para guiarnos.

5. **Entendían la crianza como una relación de dominio:** consideraban que la crianza era una cuestión de que el niño se

sometiera a la autoridad de los padres, en lugar de fomentar nuestra independencia emocional y el desarrollo de la autoestima.

Es importante recordar que nuestros padres también estaban aprendiendo sobre la marcha. Ser padre o madre no viene con manual de instrucciones. Aunque sus métodos no siempre fueran los más adecuados, actuaban con la intención de guiarnos y protegernos según lo que creían mejor en ese momento. Hoy contamos con más conocimiento y herramientas que nos permiten criar de una manera más equilibrada y respetuosa.

Si eres padre o madre y te has visto identificado con alguna de esas creencias en torno a la crianza, por favor, ¡no te sientas culpable! Mi intención es que seas consciente de ellas y que, desde el amor hacia ti mismo, puedas cambiarlas por otras más sanas. Porque educar a través de la culpa puede generar (o habernos generado) creencias limitantes que afectarán a largo plazo nuestra autoestima y la de nuestros hijos.

Para entender mejor por qué es tan importante transformar estas creencias, es crucial observar cómo la culpa se filtra en nuestra mente y nos condiciona. A menudo, ni siquiera nos damos cuenta de que esas creencias limitantes se han arraigado en nosotros desde pequeños y que moldean nuestra forma de vernos y de vivir nuestras relaciones. Pero cuando comenzamos a identificar esas marcas de la culpa, nos damos cuenta del peso que cargamos y de cómo afecta nuestra autoestima y bienestar a largo plazo.

EL LEGADO SILENCIOSO DE LA CULPA

La culpa no solo pesa sobre nuestros hombros en el momento en que aparece, sino que también deja una huella profunda en nuestras creencias del mañana. Estas creencias limitantes pueden moldear nuestra forma de ser y actuar a lo largo de los años. Pero ¿cómo lo hace exactamente?

Imagina que cada vez que cometemos un error, la culpa planta una semilla en nuestra mente. Con el tiempo, esas semillas crecen y se convierten en patrones de pensamiento que terminan gobernando nuestra vida:

- **El crítico implacable:** esa voz interna que se vuelve despiadada cada vez que fallamos. Nos castiga, nos rebaja y acaba por minar nuestra autoestima y confianza.
- **El miedo al látigo:** asociamos el error con el castigo, y esto nos paraliza. En lugar de ver los fallos como una oportunidad para aprender, nos obsesionamos con evitar las consecuencias negativas.
- **Temor a mirar de frente:** reconocer que nos equivocamos es difícil cuando la culpa lo envuelve todo de vergüenza. Así que preferimos escondernos en lugar de aceptarnos tal como somos, con nuestros aciertos y errores.
- **La prisión sin llave:** nos resulta difícil perdonarnos. Quedamos atrapados en una especie de limbo, donde la culpa sigue dictando nuestros pensamientos y decisiones. El pasado se convierte en una carga que no podemos soltar.
- **El miedo al abandono:** vivimos con el miedo de que, si no cumplimos con las expectativas de los demás, seremos rechazados o dejados atrás. Y ese temor limita nuestra capacidad de ser auténticos y de explorar nuevas posibilidades.

Darnos cuenta de cómo estos patrones han influido en nuestra vida es el primer paso para empezar a desarmarlos. Cuando lo hacemos, despejamos el terreno para que creencias más sanas puedan florecer y con ellas, nuestra autoestima.

Pero, ojo, cambiar nuestras creencias no es como cambiarse de camiseta: no pasa de un día para otro. A veces avanzamos con fuerza, otras veces retrocedemos un poquito, y está bien. Lo importante es no perder de vista que cada pequeño avance cuenta. Ten paciencia contigo mismo porque esas creencias tan arraigadas llevan años contigo, muchas veces desde que eras pequeño.

La clave es que seas compasivo y persistente contigo mismo. Recuerda que cada pequeño avance es una victoria. Cambiar tus creencias (limitantes) es uno de los regalos más grandes que puedes darte, porque afecta directamente tu calidad de vida, tus relaciones y tu capacidad para crecer.

Si el dolor y la culpa se transmiten de generación en generación, también lo puede hacer la sanación y el amor.

Desafía tus creencias

Te invito a realizar este ejercicio para empezar a identificar y transformar creencias limitantes que la culpa ha impuesto en tu vida.

1. **Identifica tus pensamientos automáticos:** observa y reconoce los pensamientos negativos automáticos que surgen cuando cometes o crees haber cometido un error o bien te enfrentas a una situación difícil. Por ejemplo: «Si cometo un error, soy un fracaso total».
2. **Cuestiona esos pensamientos:** cuestiona esos pensamientos automáticos. ¿Son realmente ciertos? ¿Hay evidencia que respalde estos pensamientos o son simplemente una interpretación sesgada de la situación?
3. **Busca una evidencia alternativa:** busca pruebas que contradigan tus pensamientos automáticos negativos. Por ejemplo, piensa en momentos en los que has cometido errores, pero has aprendido y crecido a partir de ellos.
4. **Reinterpreta la situación:** busca una perspectiva más equilibrada y realista. En lugar de castigarte por cometer un error, reconoce que

todos cometemos errores y que son oportunidades para aprender y crecer.

5. **Desarrolla afirmaciones positivas:** trata de contrarrestar los pensamientos negativos automáticos, con otros más positivos. Por ejemplo: «Cometer errores es parte del proceso de aprender y mejorar».
6. **Practica y repite:** practica este ejercicio regularmente para fortalecer tu capacidad de reconocer y cambiar tus pensamientos automáticos negativos. Con el tiempo, esto te ayudará a mejorar tu autoestima y a manejar mejor los desafíos de la vida.

Puntos de luz: ¿qué hemos aprendido?

- Las creencias heredadas influyen en nuestra percepción de la culpa. Cuestionarlas nos permite ver más allá de esas lentes con las que interpretamos el mundo y liberarnos de los límites que imponen.
- Muchas de las creencias sobre la culpa no nos pertenecen realmente. Las heredamos de nuestros padres, de la sociedad y de la cultura. Estas ideas condicionan nuestras acciones, relaciones y emociones, dejándonos atrapados en ciclos repetitivos de culpa y autocastigo.
- A pesar de todos los avances sociales y tecnológicos, seguimos perpetuando métodos educativos y creencias basadas en la culpa y el castigo sin cuestionar su verdadero impacto en el bienestar emocional.
- La culpa, junto con otras creencias limitantes, pueden transmitirse de generación en generación como un legado emocional, afectando nuestras decisiones y nuestra capacidad para vivir plenamente.
- Reconocer y comprender las creencias heredadas nos permite romper la cadena de sufrimiento que se perpetúa a lo largo de las

generaciones. Aceptar que la culpa y el dolor de nuestros antepasados no nos pertenecen nos da la oportunidad de liberarnos.

- La culpa es utilizada a menudo como método de control emocional, tanto en la infancia como en las relaciones adultas. Darnos cuenta de este mecanismo es el primer paso para desactivarlo y sanar.
- La culpa necesita de la dependencia emocional hacia alguien para tener efecto. En la infancia, se basa en la necesidad de aprobación de los padres, y en la adultez, puede repetirse en nuestras relaciones, afectando la autonomía y el bienestar emocional.
- Al identificar estas creencias limitantes y dinámicas de culpa, podemos empezar a reescribir la narrativa de nuestra vida, y liberarnos de los patrones que nos atrapan en el sufrimiento.
- Para liberarnos de la culpa, es necesario cuestionar nuestras creencias automáticas, buscar evidencia contraria y reinterpretar las situaciones desde una perspectiva más equilibrada y compasiva.

4. PRODUCTORES DE CULPAS: EL ARTE DE LA MANIPULACIÓN

> «Desaprender la mayor parte de las cosas que nos han enseñado es más importante que aprender».
>
> —Eduard Punset

Siempre he pensado que decir «no» era algo egoísta. De hecho, he tenido que aprender a hacerlo por mi propia salud mental. Desde pequeños nos enseñaron a priorizar a los demás y que, de alguna manera, tú no importabas. Seguro que te suena eso de «primero el prójimo», pero nadie nos explicó que, para amar al otro, primero hay que amarse uno mismo. Si no lo hacemos en este orden, nada de lo que demos será auténtico. Parece como si poner límites fuera un pecado imperdonable, ¡otro más! Pero la verdad es que, si no lo hacemos, estamos jugando en contra de nuestro propio bienestar emocional.

No es nada fácil, porque cuando nos animamos a poner límites, aparece la dichosa culpa. Una losa, como ya hemos visto en los anteriores capítulos, que tiene muchos ingredientes. Nos ata a las expectativas de los demás y nos responsabiliza de su bienestar o malestar. Pero ¿cómo es posible? Lo es. Porque entran dos factores en juego: nuestra incapacidad para decir «no» y un manipulador emocional.

LA CULPA, UN DESTORNILLADOR PARA MANIPULAR

Los manipuladores emocionales son maestros en usar la culpa como arma para mantenernos bajo su control. Nos hacen sentir culpables por decisiones legítimas que tomamos para proteger nuestro bienestar. Seguro que te ha pasado: decides descansar el fin de semana después de una semana agotadora, pero un amigo o familiar insiste en hacer planes. A pesar de que necesitas ese tiempo para ti, te sientes culpable por no ceder a su propuesta.

¿Por qué deberías sentirte mal por priorizarte? Tú también importas, y tu tiempo y tus necesidades son igual de relevantes que las de cualquier otra persona. Sí, vuelve a leer la frase: tu tiempo y/o tus necesidades son igual de importantes que las de cualquier otra persona. O incluso más. Porque si no miras por ti, nadie lo hará como tú lo mereces.

Aquí está la clave: reconocer que la culpa en estos casos no tiene una base real es fundamental. Es simplemente una herramienta de manipulación emocional que busca minar tu confianza en tus decisiones. Priorizar tu bienestar emocional y mental no es egoísmo; es autocuidado. Decir «no» es un paso crucial hacia una vida equilibrada. Si alguien intenta hacerte sentir culpable por establecer límites saludables, o hacer lo que tú consideres, es fundamental que te des cuenta de que es por su propio beneficio y puedas defender tu derecho a vivir según tus propios criterios.

CON LO QUE YO HICE POR TI

¡Aquí llega la deuda emocional! La íntima amiga de la culpa. Y no, no me refiero a una deuda económica, sino a una deuda más bien moral. Es ese pacto no escrito con el universo, con nuestros padres, con la sociedad, con nuestros amigos y vecinos, y con cualquier persona que nos haya hecho un favor, aunque sea tan simple como un «buenos días».

Freud y Nietzsche, dos mentes brillantes, coincidieron en algo interesante: la culpa y la deuda están entrelazadas. Freud nos dice que la culpa proviene de romper las reglas que nuestros padres nos impusieron cuando éramos pequeños: «No te comas las galletas antes de la cena» o «No le pegues a tu hermano». Y si lo hacíamos, nos invadía esa angustia temerosa de perder su amor. De alguna forma es como si nos dijeran: «Si quieres mi cariño, pórtate bien». Nietzsche, por su parte, ve la culpa como una forma de deuda: dañar algo o a alguien implica el deber de compensarlo de alguna manera.

Pero ¿por qué nos sentimos así? Pues básicamente porque hemos interiorizado la idea de que nuestras acciones tienen que compensar los favores y el amor que recibimos. ¿Te suena familiar?

Yo, por ejemplo, me siento en permanente deuda. Cuando alguien me hace un favor, no llega el día en que acabo de pagarlo. ¿Te pasa? Cuando a mí me sucede trato de poner atención sobre la culpa que siento e intento decirme: «Sonia, basta ya. Está suficientemente pagado». Pero no siempre lo consigo.

Curiosamente, no me ocurre lo mismo cuando soy yo quien da. En esos casos, ni reparo en lo que estoy dando, lo hago de corazón. Pero como me dijo un maestro: «Para recibir, también hay que entrenarse». Y ese es el problema: a menudo no sabemos recibir sin sentirnos en deuda.

Así es como se instala esa sensación de deber constante. Aceptamos hacer cosas que no queremos y acabamos yendo a lugares a los que no deseamos ir solo porque nos sentimos obligados. Y no solo eso, sino que, además, sentimos que jamás podremos pagar esa deuda adecuadamente, lo que nos atrapa en una trampa emocional interminable.

Pero hay algo que casi nunca nos contaron: nuestras necesidades y deseos son igual de importantes que los de los demás. La próxima vez que sientas esa presión recuerda que no tienes que pagar una deuda emocional eterna. Tu bienestar es una prioridad legítima y mereces recibir sin la carga de compensar todo el tiempo.

LAS RELACIONES TÓXICAS: «SI REALMENTE ME QUISIERAS...»

Imagina que llevas un tiempo esperando para quedar con una amiga o amigo. Pero, el día anterior, tu pareja te dice: «¿De verdad prefieres quedar con él o ella, que conmigo? Con las ganas que tenía de verte». Te invade la culpa. Aunque habías estado esperando esa cita, su comentario te hace dudar. La culpa te grita que, si realmente amaras a tu pareja, cancelarías tus planes.

El chantaje emocional funciona porque activa la culpa en ti. Y esa sensación de deber es la que alimenta las dinámicas tóxicas. El manipulador te hace sentir que, si no cedes, estás fallando, traicionando. Pero ¿cómo distinguir entre un acto genuino de amor y un intento de manipulación emocional?

Aquí te doy una pista: si después de interactuar con esa persona te sientes mal, agotado o constantemente vigilante de sus reacciones, es muy probable que estés inmerso en una relación tóxica. Si dedicas demasiado tiempo a anticiparte a sus posibles enfados o desilusiones, lo más probable es que estés siendo manipulado emocionalmente. Y esa culpa que te pesa no es tuya, así que deshazte de ella y continúa tu vida en lugares seguros que no te hagan sentir culpable.

EL JUEGO PERVERSO

Este ciclo de manipulación emocional suele ocurrir entre dos tipos de perfiles: el proveedor emocional y el narcisista manipulador.

- **El proveedor emocional:** este tipo de persona tiene una vocación profunda de cuidar a los demás. Probablemente aprendió desde pequeño a priorizar las necesidades ajenas sobre las propias, quizás para evitar la culpa que siente al no hacerlo. Aunque esta vocación es noble, puede llevar a relaciones desequilibradas donde siempre da más de lo que recibe. Estas personas pueden ser vistas como buenas y altruistas, pero también se pueden convertir en «vertederos emocionales».

- **El narcisista manipulador:** al otro lado del espectro está el narcisista manipulador, una persona que solo se preocupa por sus propias necesidades. Esta persona puede ser tu jefe, tus padres, tu pareja, tus amigos o tus familiares. Son personas que demandan constantemente la atención y admiración de quienes los rodean. Estas personas son expertas en utilizar el chantaje emocional y el reproche desproporcionado para mantener el control sobre sus relaciones, y para lograrlo pueden usar estrategias como hacerse los «ofendidos» o imponer «un castigo» con sus acciones o comentarios. En realidad, solo piensan en sí mismas.

Perdona que sea tan cruda, pero es fundamental que si te encuentras en este tipo de relación, te des cuenta de este juego destructivo para poder salir de él. Debes tener claro que el objetivo principal de un narcisista manipulador es satisfacer sus propias necesidades y deseos, sin considerar tus sentimientos o tu bienestar. El manipulador suele tener una gran habilidad para detectar y explotar las inseguridades de los proveedores, asegurándose de que la relación siempre tenga que ver con él o ella y no con la otra persona. Para que se dé este juego tiene que existir un gran sentimiento de culpabilidad al otro lado, provocado por un sentimiento de insuficiencia, de no estar nunca a la altura.

No obstante, aunque el manipulador parece tener el control, esta dinámica también le causa sufrimiento. Como trata de mantener a otros bajo su influencia, su bienestar pende de un hilo porque está condicionado al control que pueda ejercer. Detrás de esa aparente superioridad se ocultan profundas inseguridades, miedo al rechazo y el temor a no ser amado o incluso a ser abandonado. Comprender esto no justifica su comportamiento, pero nos permite ver que, detrás de su actitud dañina, hay un ser humano que también lucha con sus propias carencias emocionales.

Tanto el manipulador como el manipulado son personas que, desde lugares diferentes, intentan cubrir vacíos emocionales. Mientras que el manipulador busca llenar un espacio de control y seguridad, el manipulado intenta encontrar aceptación y validación. Entender esta dinámica no es justificar el daño que se puedan causar mutuamente, sino reconocer que, en el fondo, ambos están atrapados en una lucha por sentirse queridos y valorados. Cada uno a su manera. Si somos capaces de ver esta realidad con compasión y establecer límites saludables, podremos crear un entorno donde ambas partes puedan sanar y crecer desde el respeto, el entendimiento y el deseo genuino de alcanzar un equilibrio emocional.

Cada vez que aceptas algo solo para no hacer sentir mal a alguien, te estás haciendo un poco más de daño a ti mismo. Deja de castigarte por decir «no».

Martina y su madre

Martina, una chica de treinta y cinco años, llegó a mi consulta buscando ayuda. Era una mujer soltera y sin hijos que trabajaba como contable en una empresa. Me contaba que constantemente se sentía ansiosa, sufría ataques de pánico y mostraba una baja autoestima. Martina tenía grandes dificultades para tomar decisiones acerca de su vida personal y profesional. Constantemente iniciaba y acababa relaciones de pareja, saltando de una a la otra como en una liana.

Su madre, María, de sesenta años, era la clásica madre controladora y manipuladora. Viuda desde hacía una década, había ejercido un enorme control sobre Martina desde su niñez. Desde

la muerte de su esposo, María había dependido emocionalmente de Martina utilizando todas las tácticas de manipulación emocional posibles. Constantemente le recordaba «cuánto había hecho por ella» y «el sacrificio enorme» que le había supuesto sacarla adelante. Cada vez que Martina intentaba independizarse o tomar decisiones sin incluir a su madre, María reaccionaba con desaprobación y tristeza, haciéndola sentir culpable por «abandonarla». El clásico «Si realmente me quisieras, no me dejarías sola».

María también interfería en todas las decisiones de Martina; nadie era lo suficientemente bueno para ella. Además, exageraba sus problemas de salud para mantenerla cerca.

El caso de Martina es un ejemplo claro de cómo la manipulación emocional por parte de un progenitor puede tener efectos profundos en la vida de una persona. La madre de Martina, sin ser consciente de ello, proyectaba sus carencias emocionales en su hija y la utilizaba como una especie de «medicina» para llenar sus vacíos. Esta dinámica es muy tóxica para un hijo, ya que lo hace responsable de la felicidad de su madre y le genera un profundo sentimiento de culpa si intenta hacer su propia vida y alejarse de esa dependencia emocional.

Esta dinámica es muy peligrosa, ya que los hijos de padres manipuladores a menudo aprenden a sentirse no merecedores y a vivir siempre en estado de hipervigilancia. La manipulación constante crea un ambiente de ansiedad, donde el hijo siempre está tratando de anticipar y satisfacer las necesidades del padre manipulador, descuidando las propias, como la dinámica que te contaba anteriormente del proveedor emocional, ¿recuerdas?

Y no solo eso, sino que, además, estos hijos se ven afectados en sus relaciones con los demás. Es muy posible que tengan dificultades para confiar en las personas, que teman el conflicto y que eviten la intimidad emocional. También es común que repitan patrones de relaciones tóxicas, buscando inconscientemente situaciones que reflejen la dinámica familiar manipuladora.

Si te encuentras disculpándote constantemente por tus decisiones, es una señal de que alguien está manejando tus hilos con la culpa.

Las consecuencias para el proveedor pueden ser devastadoras. La constante presión para satisfacer al narcisista y la falta de reciprocidad emocional pueden llevar a sentimientos de agotamiento, baja autoestima, ansiedad y depresión. A largo plazo, el cuidador puede perder su sentido de identidad y autonomía, sintiéndose atrapado en una relación que parece imposible de equilibrar o abandonar.

Romper este ciclo de dependencia emocional requiere una toma de conciencia por parte del proveedor sobre la toxicidad de la relación. Establecer límites claros, buscar apoyo externo de amigos, familiares o profesionales, y trabajar en el fortalecimiento de la autoestima y la independencia emocional son pasos cruciales para salir de esta dinámica disfuncional. El proveedor debe aprender a priorizar sus propias necesidades y reconocer que no es responsable del bienestar emocional del manipulador.

¿ESTOY EN UNA RELACIÓN TÓXICA?

Puede ser que estés dudando de si te encuentras en una relación de este tipo, frente a una persona manipuladora emocional. Te haré una pregunta muy sencilla y enseguida podrás responderte:

¿Cómo te sientes después de estar con esa persona o al pensar en ella?

Puede ser que tengas sentimientos ambivalentes, puesto que estas relaciones de dependencia crean síndromes de Estocolmo y puedes convertirte en su máxima defensora. Pero si realmente te sinceras, es posible que te des cuenta de que la sensación que te deja es de malestar, sufrimiento y ansiedad.

Es posible que seas muy consciente de que estás constantemente pendiente de que la persona no se enfade o de que te pasas el día observando su cara para detectar sus reacciones, silencios, palabras, comportamientos y gestos. Puede ser que te hayas convertido en un experto en leer su gesticulación e intuir su tono de voz (e incluso de las personas en general), en anticiparte para leer si lo estás decepcionando. Esta habilidad que has desarrollado, casi como un «sexto sentido» para leer a los demás, es fruto de la necesidad de adaptarte a un entorno inestable.

Aunque esto pueda parecer una virtud (y, seguramente, lo es), también te mantiene en un estado de «alarma constante»; siempre vigilando y esperando el próximo desencadenante de su «enfado», que, por supuesto, sientes que es tu responsabilidad. Mejor dicho, tu culpa. Este nivel de (hiper)vigilancia es agotador y es una clara señal de que estás siendo manipulado emocionalmente. Pero también demuestra que has desarrollado una gran capacidad para captar lo que ocurre a tu alrededor. Ahora, lo importante es utilizar esa habilidad a tu favor para identificar qué te hace bien, qué te daña, para poner límites y para cuidar de ti.

Si la relación te duele y no tienes más herramientas, date permiso para alejarte.

A veces hay una clara intención de hacerte daño, pero otras no. Algunas veces el manipulador no es consciente, pero no importa. Tienes el derecho a protegerte de una relación que no te hace bien.

Si tienes hijos menores, ellos son las únicas personas de las que eres realmente responsable.

Recuerda que eres buena persona, aunque:

- No estés siempre disponible.
- Quieras disfrutar y gestionar tu tiempo.
- No estés de acuerdo con alguien.
- Digas que no.
- Pongas límites.
- Te priorices.
- Cambies de opinión.

Al fin y al cabo, el manipulador busca SU BENEFICIO a costa del tuyo. No se trata de egoísmo, se trata de protección. Piénsalo bien.

Dale la vuelta a la tortilla

Quiero compartir contigo un ejercicio del psicólogo Tomás Navarro que me parece muy ingenioso. Se llama «Darle la vuelta a la tortilla» y consiste en que cuando una persona manipuladora pretenda hacerte chantaje emocional, apliques la técnica de darle la vuelta a la tortilla y analices cómo reacciona. Ante un chantaje emocional, trata de responder lo siguiente: «No, querido/a, si realmente me quieres, entenderás que...». De esta manera te pones en tu sitio y en tu derecho a pedir amor a cambio. Esta estrategia te permitirá detectar si la manipulación es hecha a propósito o no.

«¿Por qué tolero que me manipulen?», te estarás preguntando. Pues bien, esto tiene una explicación muy sencilla: porque obtienes uno o varios beneficios ocultos. Se trata de los resultados positivos que puedes adquirir de manera inconsciente al permanecer en una situación, a pesar de que sea negativa o perjudicial. Veamos cuáles pueden ser:

1. **Búsqueda de aprobación:** es posible que creas que, al cumplir con las expectativas de un manipulador, obtendrás aprobación. Esto puede deberse a una herida de tu infancia que sigue abierta. Quizás tuviste una educación demasiado exigente, donde nunca era suficiente. Sería bueno que revisaras si necesitas atender eso.

2. **Miedo a la soledad:** quizás colma tu sensación de soledad. Es importante darte cuenta de la dependencia emocional hacia esa relación y si lo que realmente temes es a estar solo/a.

3. **Sentido de propósito:** es posible que tengas un sentido de propósito y que estés intentando «salvar» al manipulador. Puede ser que esto te dé una sensación de valor y significado en tu vida.

4. **Evitación de conflictos:** a veces soportar una manipulación es una forma de evitar conflictos mayores. Estás evitando las consecuencias de oponerte y prefieres mantener la «paz», aunque sea a costa de tu bienestar.

5. **Rutina y familiaridad:** la familiaridad de la rutina puede ser reconfortante, incluso si es tóxica. Lo desconocido puede parecer más aterrador que lo conocido, por doloroso que sea.

6. **Refuerzo de creencias internas:** tal vez sientes que no mereces algo mejor o que no puedes encontrar una relación más sana.

7. **Otros beneficios sociales:** quizás esa relación te dé prestigio, o bien te dé un soporte económico que de otro modo no tendrías. Por ejemplo, estar asociado con una persona influyente o de alto estatus puede abrirte puertas y darte acceso a círculos sociales exclusivos, o bien te proporcione una estabilidad financiera.

Reconocer estos beneficios ocultos es el primer paso para decidir si quieres liberarte de una relación manipuladora. Para atender tus propias necesidades y prioridades, necesitarás vencer la sensación de sentirte culpable.

MANIPULACIÓN ELEVADA A LA MÁXIMA POTENCIA

A gran escala la propaganda nazi durante la Segunda Guerra Mundial es un ejemplo extremo y devastador de cómo la manipulación emocional, especialmente a través de la culpa, puede ser utilizada para controlar y coaccionar a las masas. Los nazis eran maestros en el arte de identificar enemigos peligrosos, en este caso, los judíos, comunistas y otros grupos, a los que señalaron como amenazas que debían ser erradicadas para proteger a la sociedad alemana. Este enfoque no solo creó un ambiente de miedo y odio, sino que también justificó políticas genocidas.

Al demonizar a estos grupos, los nazis lograron movilizar el apoyo popular para sus políticas extremas, deshumanizando a sus víctimas y facilitando la aceptación de la violencia y la persecución. Controlaron todos los medios de comunicación —periódicos, radio, cine y literatura— para difundir su ideología y silenciar cualquier voz disidente. De esta manera, se aseguraron de que el público solo recibiera mensajes alineados con la ideología nazi, reforzando constantemente el miedo, el odio y la lealtad al régimen.

Además, manipularon la realidad de tal forma que distorsionaron los hechos para presentar a Alemania como una víctima de la agresión externa. Esto justificaba sus acciones militares y políticas internas. Eventos como el ataque a la estación de radio de Gleiwitz fueron fabricados para culpar a otros países de iniciar hostilidades. Este control narrativo permitió a los nazis justificar sus agresiones y políticas expansionistas con el apoyo de la población alemana.

Todo esto llegó al punto en que la figura de Adolf Hitler fue glorificada como «el salvador de Alemania», uniendo al país bajo un fuerte sentido de nacionalismo. Los nazis inculcaron un sentido de culpa colectiva en la población alemana, argumentando que los problemas del país se debían a la traición interna y a la falta de pureza racial. Los alemanes fueron manipulados para creer que debían redimir esta culpa apoyando las políticas raciales y expansionistas del régimen. Esta manipulación de la culpa llevó a una aceptación masiva de las atrocidades cometidas, ya que la población sentía que estaba expiando una culpa histórica y personal al respaldar al régimen.

Y también en nuestro día a día

Aunque el nazismo es un ejemplo extremo de manipulación masiva, hoy en día la culpa sigue siendo utilizada como herramienta de control, especialmente en la cultura de consumo y los medios de comunicación. No solo afecta a las dinámicas familiares o políticas totalitarias, sino que también es explotada por las empresas publicitarias que la utilizan para influir en nuestras decisiones de compra.

Las marcas y corporaciones, conscientes del poder de la culpa, apelan a nuestras emociones para hacernos sentir insuficientes, y nos proponen sus servicios o productos como la solución mágica.

- Culpa por no tener el rostro perfecto.
- Culpa por no cuidarte lo suficiente.
- Culpa por no tener el cuerpo ideal.
- Culpa por no llevar un estilo de vida saludable.
- Culpa, culpa, culpa…

Impactante, ¿verdad? Un estudio publicado en el *Journal of Consumer Research* concluye que las campañas publicitarias que apelan a la culpa son más efectivas que las que no lo hacen. ¡Increíble! Nuestro sentimiento de culpa está enriqueciendo a unos pocos. Es momento de tomar conciencia y dejar de permitir que la manipulación guíe nuestras decisiones.

Te invito a prestar atención para no caer en esa manipulación y también a reflexionar sobre nuestras propias acciones.

Podemos empezar por eliminar cualquier rastro de manipulación en nuestras relaciones más cercanas. Como decía Gandhi: «Seamos el cambio que queremos ver en el mundo». Aunque entiendo que esa transformación no es fácil cuando llevamos arraigadas creencias que nos atan tanto al juicio de los demás.

¿QUÉ DIRÁ LA GENTE?

Este mandato es uno de los más arraigados en muchas culturas. Es una forma de control social que explota la necesidad de pertenencia y aprobación, creando un ciclo de culpa y autoexigencia que puede ser difícil de romper.

Hasta hace unos años, yo tenía verdadero pánico escénico. Era incapaz de levantar la mano en clase o, más tarde, en el mundo laboral, expresar mi opinión en una reunión. Cada vez que tenía que hacerlo, sentía cómo se me aceleraba el pulso, me sudaban las manos, se me olvidaba lo que tenía que decir y me ponía roja como un tomate. Sé que esto no responde únicamente al pensar en el qué dirán, pues hay muchas inseguridades involucradas; pero, si estuviéramos por encima del juicio de los demás, seríamos más capaces de expresar nuestra opinión.

¿Por qué sentimos ese miedo al qué dirán? Porque, al final, ese temor al juicio externo se convierte en una brújula interna que guía nuestras acciones y decisiones. Nos invaden la culpa (y la vergüenza) por creer no estar a la altura de las expectativas externas.

Los manipuladores emocionales pueden utilizar este miedo para controlar y coaccionar. Al hacer que las personas se preocupen constantemente por lo que otros piensan de ellas, los manipuladores pueden mantener el poder y la influencia, haciendo que sus víctimas se sientan culpables por no cumplir con las expectativas sociales.

Pero ¿cómo son estas estrategias de manipulación? Te las explico a continuación para que puedas identificarlas:

1. Chantaje emocional: frases como «Qué pensará la gente si no vienes a x lugar» o «Qué van a pensar estos familiares si vas allí y no haces lo otro», etc., son claros ejemplos de chantaje emocional. Estas expresiones manipulan a la persona, haciéndola sentir obligada a ceder ante las demandas del manipulador para evitar un juicio negativo por parte de su entorno social.

2. Y, cómo no, estrategias que funcionan a través de despertar la culpabilidad. Otra estrategia común es generar sentimientos de culpa con frases como «Si no haces esto, pensarán que eres egoísta». Este tipo de manipulación refuerza la necesidad de ajustarse a las expectativas externas, creando una presión constante para evitar el rechazo o la desaprobación.

¿Qué podemos hacer cuando nos encontremos ante estas situaciones?

Para romper este ciclo es fundamental ser conscientes. Reconocer cuándo y por qué buscamos esa aprobación externa. Puede ser que debamos trabajar en nuestra autoestima y aprender a establecer límites saludables. Pero también tenemos que aprender que no podemos gustarle a todo el mundo.

Últimamente, en casa estamos viviendo una situación similar. Mi hijo intenta encajar en un grupo de amigos a toda costa, y cada día llega agotado del colegio. Se esfuerza en hacer cosas para agradar a los demás, incluso las que no quiere hacer y, al final, se siente mal consigo mismo. Lógico, ¿verdad? Mi propósito como madre es ayudarle a darse cuenta de por qué actúa de esa manera. Supongo que lo hace por dos razones: primero, porque no quiere sentirse solo (algo muy normal en un niño de nueve años) y segundo, porque quiere sentirse querido y aceptado. Pero el problema es que acaba haciendo cosas que no quiere, con la esperanza de obtener aceptación, y eso lo deja enfadado y frustrado. Al final, no lo aceptan por quién es realmente, sino por lo que hace.

Trato de hacerle ver que ese tipo de amor es condicional. ¿No sería mejor actuar según su propio criterio, evitando así ese malestar interno? Intentar gustar a todo el mundo es como tratar de atrapar el viento: es inútil y desgastante. Al liberarnos de la necesidad de aprobación universal, somos más libres. La única aprobación que importa es la nuestra. Cuanto antes aceptemos eso, antes dejaremos de sufrir. Eso sí, deberemos estar preparados para enfrentar los «beneficios» que creemos obtener al mantener ese tipo de relaciones.

Como decía Pau Donés: «¡Vivir es urgente!»

Te lo repetiré hasta la saciedad para que seas libre: no puedes agradarle a todo el mundo, y no pasa nada. Aquí tienes unos *tips* para que recuerdes que estás aquí para ser feliz y vivir la vida a tu manera.

A mí me ha costado la vida entender y asumir eso, pero una vez que lo hice, fui libre. Para gustarle a todos, tenía que lidiar con mil versiones de mí misma a la vez y, al final, acababa perdida sin saber cuál era la verdadera. Eso fue muy desgastante. Accedía a mil cosas por gustar, por caer bien. Cada uno de nosotros es de su padre y de su madre, con crianzas totalmente distintas, con preferencias diferentes; es imposible que coincidamos en todo. Pero si tú eres ese nexo que siempre hace coincidir todo, entonces es probable que estés sufriendo por eso. Por lo menos, si sufres, que sea acorde a tus valores, o a lo que realmente quieres. Así que:

- **Acéptalo:** no vas a ser del agrado de todos. Aunque seas la persona más maravillosa del universo, habrá gente a la que no le gustes. Y ¿sabes qué? Eso está perfectamente bien. Piensa que hay personas que ni siquiera se quieren a sí mismas, así que no te lo tomes personal. Tu valor no disminuye porque alguien no pueda ver lo que tú ofreces. Es más, si opinan, que opinen. Una opinión no es más que eso. Un juicio, un comentario, que no tiene valor. No es un hecho.

- **Prioriza tu bienestar:** en lugar de centrarte en lo que los demás piensan, enfócate en lo que te hace feliz y te da satisfacción. Priorizar tu bienestar no es egoísmo; es necesario para vivir una vida plena. Haz cosas que te llenen y que te hagan sentir bien contigo mismo.
- **Establece límites:** aprende a decir «no» sin sentirte culpable. Establecer límites claros es esencial para mantener tu salud mental y emocional. No tienes que estar disponible para todos a todas horas. Tienes derecho a proteger tu tiempo y energía.
- **Rodéate de personas positivas:** busca la compañía de personas que te valoran por lo que eres, no por lo que haces por ellas, o por lo que esperan de ti. Las relaciones saludables se basan en el respeto mutuo y el apoyo, no en la manipulación, la exigencia o las expectativas. Mantén cerca a quienes te hacen sentir bien y te apoyen incondicionalmente.
- **Refuérzate:** reconoce tus logros y cualidades a diario y ten en cuenta que tu opinión sobre ti mismo es la más importante. Recuérdate a diario que eres suficiente tal como eres y que mereces ser feliz.

Recuerda: no estás aquí para complacer a todo el mundo. Estás aquí para ser feliz y vivir tu vida de la manera que mejor te parezca. De lo contrario, te conviertes en el peor de los manipuladores que existe: el que vive en ti.

HARAKIRI MENTAL

Este suicidio mental «honorable» es nuestra propia versión del antiguo ritual japonés, pero en lugar de una espada real, lo hacemos con la culpa, clavándola una y otra vez en nuestro interior. Todo empieza con algo real o imaginario, que nos deja con esa sensación persistente de mala conciencia, como si nos estuviéramos regañando a nosotros mismos en bucle. Esos remordimientos son la esencia misma de la culpa.

Lo curioso es cómo interpretamos y valoramos nuestras acciones, pues esto determina si nos hundimos o no en la culpa. Por ejemplo, decidir no hacer nada en un día libre, simplemente descansar, puede desencadenar una tormenta emocional si pensamos que estamos siendo perezosos o irresponsables. Sin embargo, ¿no merecemos disfrutar del simple placer de descansar y sin sentirnos culpables por no ser productivos?

Si eres madre o padre, cualquier contratiempo puede hacerte sentir como si estuvieras fallando en tus responsabilidades. Un día en que no puedes cuidar de tu hijo por cualquier razón, ¿te castigas pensando que no estás cumpliendo con tu deber? Esa autocrítica despiadada puede ser una trampa mortal para tu paz mental.

El «harakiri mental» nos convierte en jueces implacables, castigándonos sin piedad por cada error o sensación de haber fallado. Es un ciclo de pensamientos negativos que alimenta una espiral de culpa, incapaces de asumir nuestras propias limitaciones y errores con compasión.

Al igual que el código de honor de los samuráis valoraba la muerte antes que la deshonra, nuestra «autoaniquilación» emocional por la culpa puede llevar a una autocrítica constante y desmedida. Si alguna vez has experimentado este «harakiri mental» sabrás perfectamente de lo que te hablo. Los que lo hemos sufrido, podemos llegar a ser extremadamente severos con nosotros mismos, castigándonos mentalmente sin permitirnos ni perdón ni compasión. Esta dinámica está impulsada por el perfeccionismo extremo y el miedo al fracaso, donde incluso pequeñas imperfecciones se sienten como catástrofes personales, alimentando esta espiral autodestructiva.

Imagina que te encuentras en un tatami mental, rodeado de tus propias armas emocionales, las que has empuñado durante años sin darte cuenta. Vamos a desglosar estos elementos para entender cómo se manifiestan en tu vida y cómo contribuyen al «harakiri mental».

Conocerlos es el primer paso para desarmarlos y liberarte de ese ciclo destructivo:

1. **La espada de la autocrítica destructiva:** al igual que el *tantō*, la espada corta japonesa que se usaba en el harakiri, la autocrítica puede ser una herramienta poderosa para el crecimiento personal. Sin embargo, cuando se vuelve excesiva y punitiva, se convierte en una forma de manipulación emocional interna. Nos decimos a nosotros mismos cosas como «No eres lo suficientemente bueno», «Siempre fallas» o «Nadie te valora realmente». Esta autocrítica destructiva mina nuestra autoestima y nos mantiene atrapados en un ciclo de culpa y autorrecriminación.

2. **La funda de las expectativas no realistas:** así como la funda protege la espada, las expectativas irrealistas nos protegen de la vulnerabilidad, pero también nos condenan cuando no las cumplimos. Nos imponemos metas inalcanzables en un intento de ganar nuestra aprobación y la de los demás. Sin embargo, cuando inevitablemente fallamos, nos castigamos con sentimientos de fracaso y culpa, lo que alimenta un ciclo de autodesprecio y desmotivación.

3. **Los calcetines *tabi*, de la marca *Autosabotaje*:** tal como los *tabi* cubren nuestros pies, el autosabotaje nos protege de salir de nuestra zona de confort. Conscientemente o no, saboteamos nuestros propios esfuerzos y éxitos por miedo al fracaso o a lo desconocido. El autosabotaje es una forma de automanipulación que nos mantiene estancados y nos impide alcanzar nuestro verdadero potencial.

4. **El kimono de creencias limitantes:** al entrar al tatami con nuestro kimono, actuamos desde un lugar de pureza aparente, pero cargado de creencias limitantes. Estas creencias nos

hacen pensar que no merecemos ciertas cosas o que no somos capaces de lograr ciertos objetivos. Frases como «No soy lo suficientemente inteligente» o «No merezco ser amado» nos limitan y nos mantienen atrapados en un ciclo constante de inseguridad y automanipulación.

5. **El *wakizashi* de la firma *Autoexigencia*:** a veces, como si el *tantō* no fuera suficiente, recurrimos al *wakizashi*, una espada más larga, para perpetuar el ciclo de culpa. Nos culpamos por no ser perfectos, por no cumplir con nuestras expectativas o las de los demás, y por cada error, grande o pequeño, lo que nos produce una gran insatisfacción.

¡Es momento de romper este ciclo de harakiri mental! Así que vamos a desmantelar el tatami emocional en el que nos encontramos y vamos a usar otros métodos para demostrar nuestro valor y proteger nuestra salud mental y física:

- **Autoconciencia:** el primer paso para superar el harakiri mental es ser conscientes de nuestros patrones de pensamiento y comportamientos autodestructivos e identificar cuándo estamos siendo excesivamente autocríticos o estableciendo expectativas irreales es crucial.
- **Compasión hacia ti mismo:** veremos esto con detalle a lo largo de este libro, pero te adelanto que practicar la autocompasión implica tratarnos con la misma amabilidad y comprensión que le ofreceríamos a un amigo querido. Hay que reconocer que somos humanos, que todos cometemos errores y que la perfección no es el objetivo. Este es uno de los puntos clave para romper el ciclo de la autocrítica destructiva.
- **Establecer metas realistas:** divide cada meta en pasos manejables y así evitarás la trampa de las expectativas irreales. Celebrar los pequeños logros a lo largo del camino también es importante para mantener la motivación y el progreso.

- **Trata de reeducar tu pensamiento:** como te he contado en el capítulo anterior, trabajar en cambiar nuestras creencias limitantes es fundamental para desarrollar una visión más positiva y realista de nuestras capacidades y nuestro valor. Esto implica desafiar activamente los pensamientos negativos y reemplazarlos por otros más constructivos.
- **Medita:** en mi anterior libro, *El hábito hace al monje*, te explico detalladamente cómo entrenar la atención y la mente para vivir de manera más presente, liberándonos de los patrones negativos de pensamiento.
- **Busca apoyo profesional:** a veces, la ayuda de un terapeuta puede ser crucial para superar patrones de pensamiento y comportamiento profundamente arraigados.

El harakiri mental es una forma insidiosa de autodestrucción que puede ser difícil de detectar y superar. Sin embargo, con autoconciencia, autocompasión y las estrategias adecuadas es posible romper el ciclo de manipulación interna y construir una relación más saludable y positiva contigo mismo. Si no te priorizas tú, ¿quién lo va a hacer?

El espejo de la autoestima

Este ejercicio te ayudará a profundizar en tu autoestima y valor propio. La clave está en que puedas generar una conexión auténtica contigo mismo, reconociendo tu valor y permitiendo que esa percepción positiva fluya de tu interior hacia afuera.

1. **Encuentra un espacio tranquilo con un espejo.** Busca un lugar tranquilo donde puedas estar a solas. Necesitarás un espejo en el que puedas verte claramente.
2. **Conéctate con tu imagen.** Siéntate o párate frente al espejo. Respira profundamente varias veces, calmando tu mente. Mírate a los

ojos sin distracciones, sin juicios. Simplemente observa quién eres en este momento, como si estuvieras conociendo a una nueva persona por primera vez.

3. **Reconoce tu valor.** Piensa en tres cosas que te hagan sentir orgulloso de quién eres. No tienen que ser logros grandiosos; pueden ser cualidades, acciones o actitudes que aprecias en ti. Mientras te miras, reconoce estos valores en ti mismo, sin compararte con nadie más.
4. **Acepta tus imperfecciones.** Ahora, reflexiona sobre las partes de ti mismo que a veces te resultan difíciles de aceptar. Estos son los aspectos de tu ser que normalmente criticas. En lugar de juzgarlos, simplemente acepta que son parte de ti y que, como ser humano, no tienes que ser perfecto para ser valioso.
5. Mientras te miras al espejo, **repite en voz alta** o en tu mente: «Me acepto tal como soy, con mis fortalezas y mis imperfecciones».
6. **Siente gratitud por ser tú.** Cierra los ojos y tómate un momento para sentir gratitud por todo lo que eres. Agradece a tu cuerpo, a tu mente y a tu corazón por todo lo que te han permitido experimentar y aprender en la vida. Esta gratitud es un reconocimiento de que eres valioso por ser tú, no por lo que logras o no logras.
7. **Repite el ejercicio asiduamente.** Para maximizar los beneficios comprométete a hacerlo durante al menos una semana. Hazlo parte de tu rutina diaria, aunque solo sea por unos minutos. Con el tiempo, notarás cómo empiezas a verte de una manera más compasiva y positiva.

Puntos de luz: ¿qué hemos aprendido?

- La culpa es una herramienta muy poderosa en manos de los manipuladores emocionales, quienes la utilizan para ejercer control sobre los demás y satisfacer sus propias necesidades. Es importante reconocer cuándo la culpa es genuina y cuándo es inducida para mantenerte bajo su influencia.

- Establecer límites claros y saber decir «no» es fundamental para proteger nuestro bienestar emocional. No es egoísmo, sino una forma de autocuidado y respeto hacia uno mismo.
- La deuda emocional se basa en la creencia de que debemos compensar los favores o el amor recibido. Sin embargo, es necesario recordar que nuestras necesidades son tan importantes como las de los demás y que no estamos obligados a compensar constantemente.
- Las relaciones tóxicas se caracterizan por el uso de la culpa para manipular y controlar. En ellas, se nos hace sentir responsables de las emociones y el bienestar del otro, generando una dependencia emocional muy dañina.
- Las dinámicas de manipulación emocional suelen involucrar dos roles: el proveedor emocional y el narcisista manipulador. Ambos perfiles están atrapados en una lucha por sentirse valorados y aceptados, pero en lugar de ayudarles, estas relaciones perpetúan el sufrimiento de ambas partes.
- Es crucial romper con las creencias limitantes y los beneficios ocultos que nos mantienen en relaciones tóxicas. Aceptar y atender nuestras propias necesidades sin culpa nos permite salir de estas dinámicas disfuncionales y recuperar nuestra autonomía emocional.
- El miedo al qué dirán es una forma de control social que nos empuja a actuar según las expectativas de los demás. Al liberarnos de esa necesidad de aprobación externa, podemos empezar a vivir más auténticamente y desde un lugar de mayor libertad personal.
- El harakiri mental es la manifestación de la autocrítica destructiva que alimenta el ciclo de culpa y sufrimiento. Romper este patrón requiere desarrollar una mayor autoconciencia, practicar la autocompasión y establecer metas realistas.

- Reconocer y aceptar nuestras imperfecciones es fundamental para cultivar una autoestima saludable. Al mirarnos con compasión y gratitud, podemos romper el ciclo de autodestrucción y empezar a vernos con una nueva perspectiva, más compasiva, amorosa y positiva.
- La culpa puede ser utilizada no solo en relaciones interpersonales, sino también a gran escala, como en el caso del nazismo o la publicidad, donde se explota para manipular decisiones y comportamientos. Ser conscientes de esto nos ayuda a liberarnos de esas influencias externas y tomar decisiones más alineadas con nuestros valores y necesidades reales.

5. EMOCIONES QUE ACARREA LA CULPA. ¡TODAS PARA UNA Y UNA PARA TODAS!

> «Las emociones son las fuerzas más
> poderosas en la vida humana,
> pero solo cuando las comprendemos podemos
> liberarnos de ellas».
>
> —Baruch Spinoza

Querido lector, querida lectora, antes de adentrarnos en este capítulo, quiero invitarte a que te tomes un momento. Haz una pausa consciente, respira profundamente, cierra los ojos y regálate unos segundos para ti. Ahora que estás aquí, te propongo leer estas líneas no desde la mente, sino desde lo que sientes. Vivimos tan deprisa que muchas veces nos olvidamos de escucharnos de verdad, de atender lo que sucede dentro de nosotros. Así que, con cariño y sin prisas, te invito a que te hagas la siguiente pregunta: «¿Qué hay realmente detrás de mi culpa?».

La culpa rara vez llega sola. Siempre viene acompañada de otras emociones que, si no las atendemos, pueden revolverse dentro de nosotros como una tormenta. Hoy quiero hablarte de algunas emociones que caminan de la mano y que muchas veces nos confunden:

la tristeza, el resentimiento, la vergüenza y la ira. Algunas de ellas te resultaran familiares, mientras que otras puede que estén más escondidas. Pero todas tienen algo que decirte, porque son parte de ti. Y mientras no las escuches, seguirán buscando la forma de hacerse notar, muchas veces a través de malestar físico o en esa sensación de que algo no está bien en tu interior.

SENTIRLO TODO

Si has visto la película *Del revés* (*Inside Out*), recordarás que nos cuenta de forma muy visual y sencilla cómo nuestras emociones trabajan juntas para ayudarnos a entendernos y enfrentarnos al mundo. Las emociones protagonistas —Alegría, Tristeza, Miedo, Asco e Ira— no son personajes independientes, sino que todas ellas, al igual que en nuestra mente, coexisten e influyen unas en otras. Durante la película, Alegría intenta mantener el control sobre todas las demás emociones, convencida de que lo mejor para la protagonista, Riley, es siempre estar feliz. Y esto nos refleja un poco lo que solemos hacer nosotros en la vida real: pensar que debemos ser felices a toda costa, que no hay espacio para lo que llamamos «emociones negativas».

Las emociones no se clasifican en buenas o malas; son mensajeras. Negarlas es negarse a escuchar lo que tu interior quiere decirte.

Pero ¿qué ocurre cuando intentamos silenciar o reprimir nuestras emociones, como hace Alegría con Tristeza en la película? Riley comienza a desconectarse de sí misma, ya no es capaz de procesar lo que siente y empieza a perder el control. Cada emoción tiene su propósito e, incluso, la tristeza tiene un valor profundo y necesario para que podamos sanar y avanzar. Es más, descubrimos que, sin Tristeza, sin permitirnos sentir y aceptar lo que nos duele, no hay un verdadero proceso de sanación ni reconciliación interna.

Aceptar lo que sientes es el primer paso para liberarte de lo que te duele. Si cierras la puerta a una emoción, cierras la puerta a la sanación.

Lo que esta película también nos enseña es que no hay emociones «malas» o «buenas». Todas cumplen una función importante. El Miedo nos protege, la Ira nos impulsa a establecer límites, el Asco nos ayuda a evitar situaciones dañinas y la Alegría nos recuerda lo que nos llena de vida. Es un hermoso equilibrio entre todas ellas lo que nos permite estar en paz con nosotros mismos. Y sí, incluso la culpa tiene su lugar en este equilibrio, porque nos señala cuando algo no está alineado con nuestros valores.

EXPRESS YOURSELF

A lo largo de nuestra vida, probablemente hemos escuchado frases similares a «Hay que seguir adelante con una sonrisa», como si mostrar nuestras emociones fuera una señal de debilidad. Pero ¿qué ganamos realmente al esconder lo que sentimos? Si algo nos duele, si sentimos ira o tristeza, ¿realmente nos ayuda fingir que todo está bien? O más bien, ¿no sería mejor aceptar y expresar lo que hay en nuestro interior?

Como te decía, hemos aprendido a evitar las «emociones negativas» como si no tuviéramos permiso para sentirnos mal o mostrarnos vulnerables. Pero forzarnos a estar bien en todo momento solo nos desconecta de nuestras emociones reales. Luchar contra lo que sentimos es como poner una barrera entre nosotros mismos y nuestras necesidades más profundas.

SUPERVIVENCIA EMOCIONAL

Las emociones son reacciones fisiológicas diseñadas para ayudarnos a adaptarnos a lo que nos rodea. Están vinculadas a nuestras necesidades biológicas más básicas, como el hambre o el sueño. Son parte de nuestra supervivencia. Así que cuando no escuchamos lo que sentimos, en realidad estamos desconectándonos de esas necesidades fundamentales, alejándonos de nuestro bienestar natural.

Quiero que pienses en un bebé. Cuando tiene hambre, cuando necesita algo, simplemente llora. No se detiene a pensar si es el momento adecuado para hacerlo, si a mamá o a papá les va a venir bien o no atenderlo, sino que simplemente se expresa. Sin embargo, nosotros, con el tiempo, hemos aprendido a reprimirnos, a contener nuestras emociones y a aparentar otras. Nos hemos convencido de que mostrar tristeza o rabia no está bien, y hemos perdido el contacto con nuestra vulnerabilidad.

Pero aquí está el punto importante: nuestras emociones, todas ellas, tienen una razón de ser. No son buenas ni malas, simplemente *son*. Nos ayudan a adaptarnos, a sobrevivir, a comunicarnos con el mundo. Cuando ignoramos lo que sentimos, en realidad nos estamos desconectando de nuestras necesidades más básicas. Y, sin darnos cuenta, empezamos a vivir en una especie de incoherencia interna, alejándonos de nosotros mismos.

ESO ESTÁ MAL

Nos han enseñado que es mejor reprimir lo que sentimos para no molestar a los demás, para evitar ser juzgados o para no parecer vulnerables. Nos decimos que hay que ser fuertes, que hay que mantener la compostura en todo momento. Pero la realidad es que esa fortaleza que mostramos al reprimir lo que sentimos no es más que una armadura que nos desconecta de nuestra verdadera esencia.

No es fácil dejar de lado lo que nos han enseñado, pero es necesario. Por suerte, como ya te he contado en otros capítulos, los tiempos están cambiando y ahora hay más conciencia en educar con las emociones. Pero, claro, si nosotros somos los responsables de tomar las riendas en ese nuevo modelo de educación emocional, necesitamos hacerlo primero con nosotros mismos. Si tenemos que acompañar a alguien a sentir, primero debemos aprender a nombrar lo que sentimos para poderle decir a nuestros hijos, alumnos, amigos o seres queridos: «Cariño, lo que te pasa es que estás triste» o «Quizás lo que sientes es rabia».

MÁS SENTIR, MENOS PENSAR

Nos han educado para pensar en lo que sentimos en lugar de sentirlo de verdad. Así que cuando experimentamos emociones incómodas, como la tristeza o la culpa, tendemos a analizarlas, a intentar entenderlas (y justificarlas) desde la mente. Pero las emociones no son un problema que resolver, sino una experiencia que vivir. No todo puede entenderse desde la lógica, y no necesitamos encontrar siempre una explicación racional para lo que sentimos.

Está bien no estar bien todo el tiempo. Está bien sentir tristeza cuando algo te duele. Está bien llorar cuando lo necesitas. Porque reprimir esas emociones solo nos lleva a ignorar una parte esencial de nosotros mismos. Y esa parte sigue ahí, esperando a ser vista, esperando a ser escuchada.

Al permitirnos sentir lo que realmente sentimos, nos damos la oportunidad de conocernos mejor. De aprender qué necesitamos en cada momento y de vivir con más coherencia. Y esa coherencia, ese respeto hacia lo que sentimos, nos trae paz. Aceptar lo que sentimos, sin juzgarnos por ello, nos libera.

COMUNICACIÓN ASERTIVA, ¡POR FAVOR!

Es común que, por educación o por miedo al conflicto, no nos expresemos del todo. Nos callamos, guardamos el malestar y, a largo plazo, esto nos pasa factura. Muchas veces no sabemos cómo decir las cosas sin herir a los demás o sin provocar una reacción negativa, así que preferimos evitar la confrontación. Pero lo que ocurre es que, cuando no nos expresamos, las emociones se acumulan y terminan saliendo de otras formas, como es el caso del resentimiento o la frustración.

La clave está en la comunicación asertiva, que no es otra cosa que aprender a expresar lo que sentimos de forma clara y respetuosa, tanto para nosotros como para los demás. Si algo te incomoda o te duele, tienes el derecho a decirlo en voz alta. Siempre desde tu dolor, desde tu responsabilidad y sin culpabilizar al otro de eso que tú sientes. No se trata de atacar o de culpar, sino de abrir un espacio de diálogo donde ambas partes puedan entenderse.

Todo este recorrido ha sido necesario para que podamos apreciar la importancia de escuchar y dar espacio a nuestras emociones. Ahora es el momento de sumergirnos en cada una de ellas, que suelen (o pueden) acompañar a la culpa. Vamos a observar cómo nos afectan, a explorarlas con curiosidad y a aprender a gestionarlas desde un lugar de mayor comprensión y compasión hacia nosotros mismos.

LA TRISTEZA

La tristeza es una de las emociones más comunes cuando sentimos culpa. Muchas veces nos invade porque, en lo profundo, creemos que hemos perdido algo valioso: puede ser una relación, la confianza de alguien, una oportunidad o, incluso, nuestra propia paz interior. Y esa tristeza duele, ¿verdad? Es como una pesadez en el pecho, una congoja que parece no tener fin, un vacío que se instala en el cuerpo. A casi nadie le gusta sentir tristeza, y solemos querer escapar de su abrazo incómodo. La tapamos, la apartamos o la ignoramos, esperando que se desvanezca por sí sola. Pero no se va. La tristeza sigue ahí, como una sombra, un alma en pena que vaga por nuestra mente y nuestro cuerpo, clamando que quiere ser vista, tocada y sentida.

Cuando sentimos culpa, la tristeza se despliega (¡si es que ya no estaba allí!) porque creemos que hemos fallado: tal vez decepcionamos a alguien, no cumplimos nuestras expectativas, o la de los demás, o rompimos una norma que nos define como «buenas personas». Pero la tristeza, aunque incómoda, no es nuestra enemiga. Es una parte de nosotros. Viene con una enseñanza: nos recuerda que somos humanos y que, al cometer errores, nos enfrentamos a la realidad de que no siempre tenemos el control sobre las consecuencias de nuestras acciones (y mucho menos las de los demás).

La tristeza es la pausa que tu alma necesita para entender que lo que has perdido es un reflejo de lo que valoras.

Cuando aceptamos la tristeza descubrimos su profundo valor. La que nace de la culpa nos empuja a detenernos, a reflexionar sobre nuestros actos. Nos invita a bajar el ritmo, a preguntarnos qué nos ha llevado a actuar de cierta manera. Preguntas que nos ayudan a crecer y a aprender.

La psicóloga Susan David, autora del libro *Agilidad emocional*, nos recuerda que cuando reconocemos nuestra tristeza (en lugar de ignorarla o reprimirla) logramos actuar de manera más consciente y en armonía con nuestros valores. Esta emoción se convierte en una señal que nos ayuda a reconectar con lo que realmente importa.

Es como si la tristeza nos dijera: «Oye, lo que ha sucedido te conecta conmigo. Vengo a decirte que es hora de que te abraces, de que te recojas y te permitas sentir. Quiero que llores, que vacíes tu mente y tu corazón, que me escuches, porque llevo demasiado tiempo viviendo en automático dentro de ti. No he venido a hacerte daño, ni a aguarte la fiesta, sino a recordarte que necesitas mirar tu vulnerabilidad, necesitas sentirme para sanar. Si me sigues ignorando, me quedaré aquí en tu mente y en tu cuerpo, porque ¿sabes qué? Que soy un pedacito de ti. Si me escuchas, puedo guiarte hacia algo más grande».

La tristeza nos habla de lo que nos duele, de lo que nos baja el ánimo, pero también de lo que nos importa. Piénsalo de esta manera: si no tuviéramos ese termómetro emocional, seríamos como muñecos que no sienten. No sabríamos cuándo decir «no», cuándo poner límites, no tendríamos claro lo que nos gusta o nos hace bien, y qué nos produce dolor. Así que, cuando te sientas triste, puedes preguntarte: «¿Qué es lo que realmente he perdido?». Y aún más importante: «¿Es algo irrecuperable o todavía tengo la oportunidad de enmendarlo?». Y si no tiene arreglo: «¿Qué me está enseñando esta emoción?».

Hace unos meses perdí a dos de mis perritos. Uno de ellos apenas tenía un año y medio cuando le diagnosticaron un cáncer terminal. Ver cómo se apagaba su vida tan rápidamente, justo cuando apenas comenzaba a vivir, fue desgarrador para toda la familia. No había consuelo, solo esa tristeza infinita que te oprime el pecho, ese vacío que no sabes cómo llenar. Al cabo de un tiempo, decidimos adoptar otro cachorro, como si quisiéramos llenar el espacio que había quedado en nuestra casa y en nuestros corazones. Pero en solo quince días, con tan solo dos meses y medio, también lo perdimos. Y esta vez el dolor fue aún más insoportable. Si no estuviera escribiendo este libro, te diría que fue por mi culpa.

Recuerdo con claridad ese instante. El perrito, un chihuahua diminuto, estaba mordiendo mi pie, juguetón y lleno de vida, y al intentar apartarlo, se dio un pequeño golpe con la cama. No fue gran cosa, o al menos eso pensé. Pero con tan mala fortuna, se dio justo en el lugar indicado, el lugar exacto, para que el golpe en unas horas le costara la vida. No podía perdonarme. Entré en un bucle interminable, una y otra vez, mi mente regresaba a ese momento: «Si no hubiera movido el pie…, si hubiera reaccionado de otra manera…, si lo hubiera dejado en el comedor… ¿Por qué no lo protegí mejor?». Me culpaba por no haber podido prever lo que sucedió. La culpa era tan intensa que me sofocaba, y la tristeza, esa tristeza profunda, no me dejaba respirar. Mi familia no tenía consuelo. No podía entenderlo. Dos muertes, tan injustas, tan rápidas, en el mismo mes y una culpa, mezclada con tristeza (y rabia) que no me soltaba, que me perseguía sin cesar.

La tristeza puede hablarnos de lo que valoramos profundamente o de aspectos de nuestra vida que aún no hemos terminado de comprender. A veces nos recuerda nuestras propias limitaciones, invitándonos a reflexionar sobre asignaturas pendientes, como el cambio, el sufrimiento e incluso la muerte. Estos son temas que en nuestra cultura occidental solemos evitar, pero forman parte esencial de nuestro proceso de aceptación y crecimiento. Es importante recordar que no podemos controlarlo todo. Muchas veces la culpa aparece porque creemos que podríamos haber hecho algo para evitar una situación, pero la realidad es que, como seres humanos, no siempre podemos salvar a los demás o cambiar el destino, por mucho que lo deseemos. Así es que solo nos queda soltar la ilusión de que tenemos el control. La tristeza, cuando la escuchamos con atención, puede ser nuestra mejor maestra.

Querida tristeza:

Te propongo un ejercicio para la próxima vez que sientas esa tristeza que acompaña a la culpa. Muchas veces, cuando estamos tristes, tendemos a esconder esa tristeza. Esta vez, en lugar de rechazarla, puedes cerrar los ojos, respirar hondo y permitir que se manifieste.

Pregúntate: «¿Qué me está mostrando esta tristeza? ¿Qué valoro tanto que me duele perder?».

Escribe tus respuestas y permítete llorar si lo necesitas. A veces llorar es la mejor forma de dejar que el dolor salga y no se quede atrapado en el interior. Abrázate como lo harías con un niño que estuviera triste. Date lugar para sentir, porque lo que permites sentir, se puede transformar.

EL RESENTIMIENTO

El resentimiento es como cargar una mochila llena de piedras, cada una representando una herida, una promesa rota o un momento en el que sentimos que nos fallaron. Pero el resentimiento no aparece solo: a menudo, la culpa lo acompaña, haciéndonos sentir que quizá merecíamos ese trato o que podríamos haber hecho algo diferente para evitarlo. La culpa y el resentimiento están profundamente entrelazados.

El resentimiento es el eco de un dolor no resuelto que busca una y otra vez ser liberado.

El resentimiento suele nacer cuando creemos que hemos sido tratados de manera injusta o cuando alguien no cumplió nuestras expectativas. En ese momento, nos sentimos heridos, y cada vez que recordamos ese agravio, el resentimiento reaviva el dolor. Pero la culpa nos añade una capa más de sufrimiento, haciéndonos dudar de si, de alguna manera, somos responsables de lo que ocurrió. Nos preguntamos si podríamos haber prevenido el daño o si, al fallar, merecíamos lo que nos pasó.

Imagina que prestas un libro a un amigo y nunca te lo devuelve. Cada vez que ves el hueco en tu estantería, sientes un poco de enfado, una pequeña chispa de resentimiento. Pero, además, aparece la culpa, esa voz interior que te dice «¡Mira que lo sabía!», que te dice que fuiste demasiado confiado porque ya sabías que esto ocurriría. Así es como la culpa y el resentimiento se alimentan mutuamente. El resentimiento nos recuerda el daño que sufrimos, y la culpa nos hace sentir que quizá somos responsables de ese sufrimiento.

Y no solo sentimos resentimiento hacia los demás, sino también hacia nosotros mismos. Nos culpamos por no haber sido más precavidos, por nuestras decisiones pasadas, o por haber permitido que algo nos afectara tanto. Esa mezcla de culpa y resentimiento se convierte en una trampa emocional que nos mantiene atados al pasado y al dolor.

Enfadados por algo que ya fue

Cada vez que revivimos ese dolor, lo que podría haber sido una emoción pasajera se convierte en una carga constante. Nos mantenemos atrapados en un ciclo de pensamientos negativos, reviviendo la injusticia, preguntándonos por qué las cosas no salieron como esperábamos o si podríamos haber hecho algo para cambiar el resultado. Y aquí es donde la culpa entra en escena, alimentando ese ciclo, recordándonos que tal vez no hicimos lo suficiente para merecer algo mejor.

El resentimiento hacia otros, combinado con la culpa que sentimos hacia nosotros mismos, es un peso difícil de llevar. Nos impide avanzar y nos mantiene anclados en una narrativa de frustración y autocrítica que, si no la soltamos, sigue condicionando nuestras vidas.

El mundo me debe

Ana, una mujer de cuarenta años, acudió buscando ayuda porque sentía que nadie a su alrededor la valoraba. Sentía un resentimiento profundo hacia su familia, amigos e incluso sus compañeros de trabajo. Sentía que siempre daba más de lo que recibía y vivía con la sensación constante de que el mundo le debía algo. Lo que Ana no sabía era que este resentimiento, en el fondo, estaba alimentado por una culpa que no lograba reconocer ni expresar.

Durante nuestras sesiones, Ana comenzó a abrirse y describió cómo, en cada situación, además de sentir que los demás le fallaban, también se culpaba a sí misma por permitirlo. Se reprochaba haber sido demasiado generosa, no haber puesto límites claros o haber esperado demasiado de los demás. Este ciclo de culpa y resentimiento la mantenía atrapada en una espiral de decepción, frustración y rabia que parecía no tener fin (y por supuesto, en el fondo mucha tristeza ahogada).

Trabajamos juntas para cambiar su perspectiva. Ana tuvo que aceptar que no podía controlar las acciones de los demás. Tal vez, daba tanto (según su parecer), por miedo a que, si dejaba de hacerlo, no recibiría nada a cambio. Aquí fue donde tuvimos que trabajar en su miedo a la soledad y su temor a no ser querida. Ese miedo, la había llevado a mantener relaciones desequilibradas, donde ella daba más de lo que recibía, pero siempre lo hacía esperando algo en retorno. Identificar los beneficios ocultos de esa dinámica fue clave. Al darse cuenta de que su generosidad desmedida nacía de su temor, pudo empezar a encontrar un nuevo equilibrio, uno donde pudiera observar si las relaciones eran equilibradas por sí mismas, sin su constante esfuerzo por mantenerlas a toda costa.

Con el tiempo, el resentimiento de Ana comenzó a disminuir. A dejar de culparse por los desajustes en sus relaciones, también dejó de proyectar esa culpa en los demás. Y es que cuando somos tan duros con nosotros mismos, tendemos a serlo también con los que nos rodean. Ana empezó a ver las situaciones con más compasión, tanto hacia los otros como hacia sí misma, y pudo liberarse de esa sensación de deuda constante, de estar enfadada con el mundo, que la atormentaba.

Cuando cambias la mirada, cambia el mundo

Nuestra percepción juega un papel fundamental en cómo sentimos el resentimiento. Cuando interpretamos las acciones de los demás como malintencionadas o injustas, el resentimiento crece, se alimenta y nos sigue acompañando. Sin embargo, si somos capaces de ver las situaciones desde una perspectiva más compasiva y comprensiva, podemos empezar a soltar esa carga emocional. La culpa, por otro lado, distorsiona nuestra percepción, haciéndonos creer que, quizás, merecemos lo que nos sucede o que, de haber actuado de otra forma, las cosas habrían sido diferentes.

Es importante hacernos preguntas reflexivas: ¿cuántas veces hemos interpretado las acciones de alguien como un ataque personal cuando en realidad no lo era? ¿Cuántas veces hemos permitido que una pequeña ofensa crezca en nuestra mente y se convierta en una fuente de resentimiento porque sentimos culpa de no haber sabido manejar la situación? ¿Cuántas veces nos resentimos por pensar que las cosas podían haber sido de otra manera?

Aquí es donde entra en juego la responsabilidad emocional. Si bien no podemos controlar cómo actúan los demás, si podemos elegir cómo respondemos a esas situaciones. Hacerse responsable de lo que uno siente no significa asumir la culpa por lo que nos ha sucedido, sino más bien tomar conciencia de que nuestras emociones son nuestra respuesta interna a las circunstancias externas. Nadie las provoca, sino que es nuestra interpretación, nuestra susceptibilidad o nuestro «aguante» lo que las despierta. Aceptar esa responsabilidad es el primer paso hacia la libertad emocional, porque nos permite recuperar nuestro poder y soltar la expectativa de que los demás «nos deben algo» para sentirnos completos.

Soltar el resentimiento

Te propongo el siguiente ejercicio: reflexiona sobre una situación en la que te hayas sentido resentido. ¿Qué es lo que realmente te dolió? ¿Sentiste que tus necesidades no fueron valoradas? Tómate un momento para escribir sobre esa situación. Expresa lo que te genera ese resentimiento, pero también explora la culpa que lo acompaña. ¿Hay algo que sientas que podrías haber hecho diferente? Y, si es así, ¿cómo puedes soltar esa expectativa de control?

El resentimiento de nuestro niño interior

Cuando somos pequeños, nuestros padres son nuestras figuras de referencia. Dependemos de ellos no solo para nuestras necesidades básicas, sino también para el amor y la aprobación. Si nos castigaron físicamente (o psicológicamente) es posible que nos hayan hecho sentir que lo merecíamos, que nuestro comportamiento estaba mal, y eso nos pudo generar una culpa profunda que, es posible, que hayamos arrastrado en el tiempo. Puede ser que nos dijéramos cosas como «Me pegaron porque me porté mal».

Pero con el tiempo, cuando miramos atrás, empezamos a darnos cuenta (no siempre) de que ese castigo no era justo o proporcionado. Y ahí es cuando el resentimiento empieza a aparecer. «¿Por qué me hicieron eso?», nos preguntamos. Nos sentimos heridos, no solo por el dolor físico, sino por la traición emocional. Este resentimiento crece porque, quizás, nos damos cuenta de que no merecíamos ese trato. Nadie merece ser maltratado, ni psicológica ni físicamente. El maltrato solo beneficia a quien lo ejerce, ya que le permite desahogar su frustración, pero, en ningún caso, corrige conductas.

El problema surge cuando ambas emociones, el resentimiento y la culpa, coexisten y se alimentan mutuamente. La culpa nos dice que, tal vez, fuimos responsables de lo que nos ocurrió; y el resentimiento nos enfada con nuestros padres por habernos tratado de esa manera. Esta combinación puede convertirse en una carga emocional difícil de soltar. Entonces, ¿cómo podemos comenzar a liberarnos de esta prisión interna?

El primer paso para soltar la culpa es reconocer que, como niño, no tenías el control ni la responsabilidad sobre las reacciones de tus padres. No te pegaron porque tú fueras «malo», sino porque ellos no sabían cómo gestionar sus propias emociones o porque replicaban lo que ellos mismos aprendieron en su infancia. Es importante comprender que la culpa que sientes por tu «mal comportamiento» no es justa. Los niños cometen errores, aprenden y experimentan. Es parte del desarrollo, no algo que merezca castigo físico o psicológico.

El resentimiento hacia los padres es un dolor difícil de procesar porque sentimos que, como figuras de amor y protección, nos fallaron. Aquí, el perdón (en su debido momento) es clave, pero no un perdón que justifique el maltrato, sino un perdón que entiende que tus padres, con sus propias heridas y limitaciones, no supieron hacerlo mejor. Este tipo de perdón no minimiza lo que viviste, pero te libera del peso de llevar esa carga. Eliges no seguir cargando con ese dolor.

Escribe una carta a papá y/o a mamá

Escribe una carta a tus padres, aunque no la envíes. Expresa en ella cómo te sentiste cuando te castigaron y cuánto te dolió. Permítete sacar todo el resentimiento que almacenas. Luego, reflexiona sobre su situación: ¿qué pudieron haber estado pasando ellos en ese momento? ¿Qué creencias o miedos guiaban sus acciones? Esto no los exime de la responsabilidad, pero te ayuda a ver las cosas desde una perspectiva más amplia.

Permítete sacar todo el resentimiento que llevas dentro. Como si se tratara de un cubo de la basura. Cuando hayas acabado, puedes romper o quemar la carta. Incluso puedes verter las cenizas en una planta exterior viva, para que ese dolor se transforme en algo bonito.

La reconciliación contigo mismo

Lo más importante en este proceso es reconciliarte contigo mismo. Entender que no eres responsable de lo que te hicieron, pero que ahora sí tienes la capacidad de elegir cómo te afecta eso en el presente. Soltar el resentimiento y la culpa no ocurre de un día para otro, pero con compasión hacia ti mismo y la ayuda necesaria puedes empezar a liberarte poco a poco.

La autoaceptación es clave. Aceptar lo que viviste, sin engañarte, por muy injusto que fuera. Esa vivencia no define quién eres. Tú no eres el niño culpable que merecía ese trato, ni el adulto que tiene que cargar con el resentimiento de lo que pasó. Eres alguien que está aprendiendo a soltar, a sanar y a vivir con más ligereza.

LA IRA

La ira es una emoción de la que muchas veces preferimos huir. Es incómoda, intensa, nos remueve por dentro. Cuando sentimos culpa, reconocer que también estamos enfadados puede resultar aún más difícil. Desde pequeños, nos enseñan a castigarnos cuando cometemos un error, a volcar toda esa energía hacia dentro, como si el enfado no tuviera cabida en medio del remordimiento. Pero la realidad es que, muchas veces, la culpa viene acompañada de una gran dosis de ira. Ira por lo que ocurrió, por lo que no pudimos controlar o cambiar, por lo que no salió como esperábamos. Es esa voz interior que nos grita: «¡Esto no es justo!».

La ira es la voz de tu corazón pidiéndote que establezcas límites donde aún no existen.

Piensa en un momento en el que algo no salió como esperabas o en el que quizás heriste a alguien sin querer. Automáticamente, el peso de la culpa cae sobre ti. Comienzas a repasar cada detalle, a preguntarte qué podrías haber hecho de manera diferente. Pero si te das el espacio para escuchar más profundamente, tal vez descubras que, debajo de esa culpa, hay una gran rabia. Rabia por no haber sabido actuar de otro modo, por no haber tenido las herramientas necesarias o por las circunstancias que te llevaron a esa situación. Esa rabia, muchas veces oculta, es energía que se acumula y necesita ser liberada.

Cuando ocurrió lo de mi perrito, lo que sentí fue una tristeza infinita y una culpa demoledora. Pero pronto apareció una ira desbordante. Necesité gritar, llorar, caminar, golpear la cama… cualquier cosa para liberar ese volcán que llevaba dentro de mí. La ira no solo venía de la culpa que sentía, sino también del sentimiento de impotencia y de la injusticia de la situación. «¿Por qué? ¿Por qué había pasado eso? ¿Por qué me había tocado cargar con algo tan doloroso?».

En aquel momento no encontraba respuestas, y eso no hacía más que alimentar mi rabia. Sentía que la vida había sido cruel y que yo era su víctima. Cuanto más buscaba explicaciones, más atrapada me sentía en un círculo de impotencia.

Con el tiempo comprendí que esas preguntas no siempre tienen respuesta, o al menos no la que queremos escuchar. La vida no sigue un guion de merecimientos, ni todo lo que ocurre tiene un *porqué* claro y lógico. Aceptar esta incertidumbre fue clave para empezar a soltar la rabia y reconciliarme con lo que ocurrió. La justicia que mi mente buscaba nunca iba a llegar, pero eso no significaba que yo estuviera condenada a vivir con esa herida abierta.

Poco a poco, entendí que mi enfado no estaba allí solo para hacerme sufrir. La ira, cuando se escucha y se libera, se transforma en impulso, en fuerza vital. Dejó de ser una enemiga para convertirse en una aliada, una energía que, bien canalizada, me permitía avanzar. En lugar de desgastarme con el «¿Por qué?», aprendí a preguntarme: «¿Y ahora qué puedo hacer con esto?». Esta pregunta me abrió una puerta que antes no veía. La respuesta, aunque no siempre es inmediata, suele aparecer cuando dejamos de pelearnos con la realidad y empezamos a aceptarla.

La paz no llega de fuera; llega cuando dejamos de exigirle a la vida que sea de otra manera. No fue algo que ocurriera de la noche a la mañana, pero el día en que pude aceptar lo que había pasado con mis perritos, algo en mí cambió. La culpa aflojó su agarre, la ira se calmó y, por primera vez en mucho tiempo, pude mirarme con un poco más de ternura. No necesitaba seguir castigándome. Me di cuenta de que, a veces, la verdadera justicia no está en el exterior, sino en la forma en que decidimos tratarnos por dentro.

No es maldad

Seguramente te enseñaron a reprimir la ira, a considerarla como algo negativo o peligroso. Nos dijeron que la ira podía llevarnos a hacer cosas de las que luego nos podíamos arrepentir, y que incluso es un pecado capital. Y sí, mal gestionada o cuando se convierte en un estado, puede ser destructiva. Sin embargo, lo que no nos contaron es que, cuando se canaliza adecuadamente, tiene un propósito. Es una emoción que puede ser nuestra aliada en el proceso de sanación; ya que puede ser un motor que nos impulsa a poner límites y a proteger nuestra dignidad.

La ira no se trata de dañar, sino de entender dónde te has dañado a ti mismo por no expresar lo que sentías.

En el contexto de la culpa, la ira muchas veces queda enterrada. Nos cuesta reconocer que, además de sentirnos responsables por algo que salió mal, también estamos enfadados. Tal vez lo estemos con nosotros mismos, con las circunstancias o con otras personas. Pero ese enfado, aunque no lo queramos ver, está ahí, esperando a ser reconocido. La ira nos habla en voz baja, o a veces nos grita: «¡Basta ya!». Y si no le damos voz, si no permitimos que salga, se convierte en culpa, en resentimiento, en un malestar que se queda en nuestro cuerpo sin que logremos entenderlo del todo.

Aceptar la ira es aceptar que mereces ser escuchado, pero primero por ti mismo.

La psicóloga Harriet Lerner, en su libro *La danza de la ira*, nos recuerda que la ira es una emoción fundamental. Nos ayuda a saber quiénes somos, a establecer límites y a protegernos. Funciona como una alarma interna que suena cuando algo no está bien, cuando sentimos que hemos sido heridos o tratados injustamente. Pero cuando no nos permitimos sentirla, cargamos con la culpa y terminamos creyendo que todo es nuestra responsabilidad. Pensamos que no tenemos derecho a enfadarnos, y así seguimos acumulando emociones que nos pesan cada vez más.

Pero lo cierto es que esta emoción, cuando la gestionamos con sabiduría, nos ayuda a soltar esa culpa. Nos invita a reflexionar: ¿por qué estoy enfadado? ¿Qué parte de esta situación me duele tanto? ¿Qué límites no respeté, o qué necesito cambiar para que esto no vuelva a suceder?

Aceptar nuestra ira no significa perder el control ni hacer daño a los demás. Significa escuchar lo que nos quiere decir y canalizarla de manera constructiva. La ira bien gestionada no destruye, sino que nos empodera. Nos da la fuerza necesaria para actuar con firmeza, poner límites y cuidar de nosotros mismos.

«Las mujeres no se enfadan»

A las mujeres, en particular, se nos ha enseñado históricamente a reprimir nuestra ira. La sociedad nos ha inculcado que debemos ser cuidadoras, comprensivas, y que esa emoción es «poco femenina». La autora de la que te hablaba unos renglones antes, Harriet Lerner, habla de cómo a las mujeres enfadadas se les ha tachado de problemáticas o difíciles, cuando, en realidad, la ira bien canalizada es un motor de transformación.

Movimientos como el feminismo nacieron precisamente de esa emoción frente a la injusticia. Fue ese «fuego» el que impulsó a las mujeres a luchar por sus derechos y a transformar el mundo.

La clave está en aprender a usarla de manera constructiva. ¿Qué pasaría si, en lugar de reprimirla o sentirnos culpables por estar enfadados, escucháramos lo que nos está diciendo? Quizás nos hable de la necesidad de poner límites, de salir de relaciones tóxicas, de decir «no» cuando no queremos algo. Esa energía puede ser utilizada para tomar el control de nuestra vida, para actuar en coherencia con nuestros valores y para defender lo que necesitamos.

El fuego proyectado

Ahora bien, a veces sentimos ira y, en lugar de asumirla, la dirigimos hacia afuera, hacia los demás. Cuando proyectamos la culpa, también proyectamos la ira, y esto crea una barrera difícil de superar.

Proyectar esa culpa y enfado en otras personas puede darnos un alivio momentáneo, pero a largo plazo solo nos mantiene atrapados en un ciclo de frustración. Seguimos enfadados, creyendo que la situación es injusta porque alguien nos falló. Sin embargo, eso no nos libera. Al contrario, nos mantiene en el mismo lugar, porque poco podemos hacer si ponemos el foco solo en lo que hicieron otros. Quizás terminemos esperando: aguardando a que el otro cambie; a que la situación mejore mágicamente; a que se alineen los astros... y a que todo se ponga a nuestro favor. Pero, lo más probable, es que si mantenemos esa actitud, continuemos llenos de ira, alimentando un veneno que bebemos esperando que la otra persona sufra, cuando en realidad nos estamos envenenando a nosotros mismos.

Lo verdaderamente importante es tomar las riendas y ser capaces de identificar esa ira. Podemos preguntarnos: «¿Qué parte de esta situación es mi responsabilidad? ¿Qué parte puedo soltar para no cargar con un peso que no me corresponde?». Y si sientes ira hacia alguien porque crees que te han hecho daño o no ha actuado como esperabas, es esencial aprender a canalizarla sin destruir tus relaciones o a ti mismo en el proceso.

Una vez más: comunicación asertiva, por favor. Digamos lo que nos molesta sin herir a los demás, asumiendo la responsabilidad de nuestros sentimientos y entendiendo que la ira, bien manejada, también es una oportunidad para crecer y sanar.

Liberar la ira sin culpa

Cuando la culpa te esté consumiendo y sientas esa mezcla de emociones, te invito a realizar estos ejercicios, con calma y apertura. Busca un espacio tranquilo donde no vayas a ser interrumpido y siéntate cómodamente. Cierra los ojos y respira profundamente.

- **Reconoce tu ira:** trae a tu mente esa situación que te genera culpa. Pregúntate: «¿Hay algo aquí que me enfada? ¿Qué parte de mí está herida o siente que esto no fue justo?». No te juzgues por sentirlo, simplemente observa.

- ◊ Siéntela en tu cuerpo: haz unas cuantas respiraciones profundas. ¿Dónde sientes la ira? Tal vez en el pecho, en la garganta, en los hombros. Permítete sentirla sin intentar reprimirla o hacerla desaparecer. La ira también necesita ser escuchada, como todas las emociones.

- **Libera la energía de manera saludable:** puedes canalizar esa energía acumulada a través del movimiento. Puedes salir a correr, bailar con música fuerte, golpear una almohada, gritar en un espacio seguro, tirar piedras a un río o incluso hacer yoga. El objetivo no es simplemente desahogarte, sino permitir que tu cuerpo libere esa tensión de manera controlada.
- **Escribe:** otra opción es escribir lo que sientes. Deja que las palabras fluyan sin filtro, sin juzgarte. Escribe todo lo que te pasa por la mente, y si sientes que es demasiado, rompe el papel o quémalo como un acto simbólico de liberación.
- **Utiliza el sonido:** si te resulta difícil liberar la ira físicamente, intenta hacerlo a través del sonido. Grita, canta, escucha música o utiliza un tambor. El sonido puede ser una poderosa herramienta para liberar emociones atascadas.
- **Reflexiona sobre el mensaje de la ira:** después de liberar la energía, siéntate unos minutos en silencio y pregúntate: «¿Qué me está diciendo esta ira? ¿Qué necesito cambiar o mejorar? ¿Dónde necesito poner límites?». La ira es como una brújula que nos señala qué parte de nuestra vida necesita atención y ajuste. Haz una lista si es necesario.
- **Si lo crees necesario, comunica tus necesidades:** una vez que hayas reflexionado, puede ser el momento de expresarte. La clave es hacerlo de manera asertiva y sin culpas. Si la situación involucra a alguien más, busca un momento adecuado para hablar desde tu experiencia y sin culpar al otro. Dile cómo te sientes, qué necesitas o qué cambios te gustaría ver. Y si la ira tiene que ver solo contigo mismo, permite que esa conversación interna sea compasiva. No te castigues, sino establece los límites que necesitas para evitar que esta situación se repita.

- **Vuelve a la calma y agradece:** termina cualquier práctica con unas respiraciones profundas. Siéntete más ligero después de haber permitido que la ira saliera a la superficie y fuera escuchada. Recuerda que todas las emociones, incluida la ira, tienen su lugar y su propósito, así que agradécete esas maravillosas señales.

VERGÜENZA

Todos hemos sentido vergüenza alguna vez. Esa sensación incómoda que nos invade cuando no somos capaces de cumplir con las expectativas que el mundo —o nosotros mismos— nos impone. Es como una sombra que nos sigue a todas partes y nos recuerda que no somos lo suficientemente buenos, que no encajamos en ese molde ideal.

Sé que muchas veces, como mujeres, esa sombra parece aún más densa. La vergüenza aparece cuando no logramos hacer todo «sin despeinarnos», cuando no somos la «supermujer» que parece tenerlo todo bajo control. Nos sentimos avergonzadas cuando no cumplimos con ese ideal imposible: tener éxito profesional, cuidar de nuestra familia, mantener un cuerpo perfecto (aunque nos cueste una cirugía), estar siempre dispuestas y disponibles para todos.

El mundo nos exige ser independientes, pero a la vez profundamente conectadas con nuestras familias; afectuosas, pero autosuficientes. Y si no logramos hacerlo todo, con una sonrisa dibujada en la cara, la vergüenza nos atrapa.

Para los hombres, la vergüenza adopta otra forma. Presión por tener que ser fuertes, por no mostrar vulnerabilidad, por no permitirse un respiro. Pero la verdad es que, sin importar nuestro género, todos lidiamos con esta emoción destructiva que nos impide mostrarnos tal como somos.

Imagínate por un momento que la vergüenza pudiera hablarte. ¿Qué te diría? Probablemente, que no eres lo suficientemente bueno, que no mereces mostrarte tal como eres. «¿Qué van a decir de ti?», te cuestionaría. Te recordaría tus errores y te empujaría a esconderte, a ser discreto o invisible, por miedo a ser juzgado. Y aunque puede parecer cruel, la vergüenza no es más que una emoción que has aprendido a sentir. No es la verdad sobre quién eres. Por supuesto que no.

La vergüenza no tiene poder sobre ti, si aprendes a hablarle de vuelta: «Sé que estás aquí para protegerme, pero hoy elijo mostrarme tal como soy».

El miedo al juicio

La vergüenza tiene una raíz muy profunda en nuestra relación con el juicio de los demás. Es esa sensación de pudor, de temor a ser descubiertos por quienes realmente somos. Piénsalo por un momento. A mí me impactó mucho esta reflexión: tenemos vergüenza por ser quiénes somos y la utilizamos para escondernos. No queremos que los demás vean nuestras vulnerabilidades, nuestros errores, o lo que creemos que son nuestros defectos. Nos aterra la idea de que, si nos mostramos tal como somos, seremos rechazados.

La autora Brené Brown, investigadora que ha dedicado su vida a estudiar la vergüenza y vulnerabilidad, lo explica de maravilla en su charla TED «The Power of Vulnerability» (El poder de la vulnerabilidad), que puedes encontrar en YouTube. En esta conferencia afirma que la vergüenza está totalmente relacionada con el miedo al rechazo, porque estamos seguros de que los demás descubrirán que no somos lo suficientemente buenos. También destaca que está conectada (¡cómo no!) a la forma en la que hemos sido condicionados en nuestra infancia y por la sociedad. Tal vez aprendimos que hay partes de nosotros que no son aceptables y eso nos lleva a temer mostrar nuestras debilidades, porque hemos crecido con la creencia de que ser vulnerable es peligroso, que nos expone al juicio y a la crítica de los demás. Así que la vergüenza, en realidad, está ahí para protegernos, ya que nos ayuda a escondernos, a desaparecer, a tapar lo que realmente somos.

Vergüenza vs. culpa: ¿cuál es la diferencia?

La vergüenza y la culpa son primas hermanas, pero hay una diferencia fundamental entre ellas. La culpa nos dice: «Hice algo mal», es decir, opera sobre nuestras acciones. Pero la vergüenza va más allá y nos dice: «Soy malo». Es una emoción que ataca directamente nuestra identidad, nos hace sentir defectuosos en nuestra esencia.

Mientras que la culpa puede ser constructiva, porque nos motiva a corregir nuestros errores, la vergüenza nos paraliza. Nos hunde en un ciclo de autocrítica que destruye nuestra autoestima y, muchas veces, convierte la culpa en una carga aún más pesada de llevar.

Es importante entender que no todas las culpas generan el mismo nivel de vergüenza. Hay culpas más leves, como cuando olvidamos hacer algo simple, que no necesariamente afectan nuestra identidad. Pero, otras veces, la culpa está tan ligada a nuestra identidad (la culpa mórbida) que despierta una profunda vergüenza, como cuando fallamos en cumplir roles que consideramos centrales en nuestras vidas: ser un buen padre o madre, hermano o tener éxito en el trabajo.

Te pongo un ejemplo muy sencillo: si un día llegas tarde a una cita con un amigo, sientes culpa, pero no necesariamente vergüenza, porque reconoces que fue un error, no un fallo de tu ser. Sin embargo, si en una discusión hieres a alguien que amas con palabras duras, la culpa puede ser tan abrumadora que se transforma en vergüenza. Ya no solo piensas: «Hice algo mal», sino que te preguntas: «¿Seré una mala persona?». La vergüenza distorsiona el error y lo convierte en una marca indeleble en nuestra identidad.

Le encanta disfrazarse de buena

El perfeccionismo es una de las formas más aceptadas y hasta admiradas por la sociedad en las que la vergüenza se esconde. Nos han enseñado a valorarlo como una virtud, tanto en nosotros mismos como en los demás, porque parece que buscar la perfección es un signo de responsabilidad, éxito y dedicación. Sin embargo, lo que muchas veces no vemos es que detrás de esa fachada de «ser lo mejor posible», hay una profunda vergüenza. El perfeccionismo nos dice que, si no alcanzamos la perfección, entonces no somos dignos. Nos empuja a medir nuestro valor en función de nuestros logros, lo que hacemos o dejamos de hacer, sin importar el coste emocional.

¡Aquí está el problema! La perfección no existe. No importa cuánto nos esforcemos o cuánto lo intentemos, siempre habrá algo que no salga como planeamos, y eso no lleva a un sentimiento de culpa por no haber sido suficientes. Ese ciclo es agotador, ¿verdad? Cuanto más tratamos de alcanzar esa perfección, más se escapa, es inalcanzable y como consecuencia más nos castigamos y sentimos que fracasamos. Pero, lo que es peor, el perfeccionismo se disfraza de algo «bueno», cuando en realidad oculta una profunda vergüenza y una constante sensación de insuficiencia.

Es un meteorito

Por si fuera poco, también nos impacta en la salud, como veremos con detalle en el próximo capítulo. Muchos estudios han demostrado que la vergüenza está correlacionada con problemas graves de salud mental, como adicciones, depresión, trastornos alimentarios, violencia e, incluso, suicidio.

Antes te comentaba sobre Brené Brown, una de las principales investigadoras en este campo. En su libro *The Gifts of Imperfection* (*Los dones de la imperfección*), Brown revela que las personas que experimentan altos niveles de vergüenza (y su culpa asociada a ella) tienen una mayor predisposición a desarrollar adicciones, ansiedad y depresión. Estos hallazgos también son respaldados por otros expertos en psicología del trauma, como Richard G. Tedeschi y Lawrence G. Calhoun, quienes han demostrado que la vergüenza y la culpa no resueltas aumentan significativamente la vulnerabilidad a estos problemas.

Además, existen numerosas investigaciones que vinculan la culpa y la vergüenza con trastornos alimentarios graves, como la bulimia y la anorexia. En estos casos, la vergüenza no solo está relacionada con la imagen corporal, sino también con esa sensación de no cumplir con las expectativas sociales, familiares o personales, razones que generan un círculo vicioso de autoexigencia y culpa.

Está claro que la vergüenza es una emoción que consume, que nos desconecta de los demás y, lo que es más importante, de nosotros mismos. Básicamente porque nos dice, de manera constante, que no está bien ser quienes somos. ¿Cómo no vamos a enfermar si vivimos con esa carga?

Pero aquí está lo crucial: la vergüenza no es una verdad sobre quiénes somos. Es una emoción aprendida que podemos desaprender. Cuando entendemos que no necesitamos ajustarnos a esos moldes impuestos por la sociedad, por nuestras familias o por nosotros mismos (en la búsqueda de la perfección) comenzamos a liberarnos. Esa liberación trae consigo un profundo alivio, y es el primer paso hacia la aceptación de nuestra verdadera esencia.

ERES UNA PERSONA MARAVILLOSA TAL COMO ERES

Superar la vergüenza empieza por aceptar nuestra vulnerabilidad, por atrevernos a mostrarnos imperfectos, sin máscaras. Siéntete digno de amor, porque para eso has venido a este mundo: para vivir, aprender de tus errores y crecer a través de ellos.

Ser tú mismo es un derecho. Nadie más en el mundo puede ser tú, y ahí radica tu verdadera fortaleza.

Mira a tu alrededor y date cuenta de que no hay nadie perfecto, aunque en las redes sociales parezca lo contrario. Todos los seres humanos compartimos el sufrimiento por las mismas razones. Sufrimos ante la incertidumbre, el cambio, la enfermedad, nuestras emociones y la muerte. Sé amable contigo mismo, acepta la imperfección, porque esa es la única realidad. Lo demás es solo una ilusión. Recuerda que en todo momento mereces amor y respeto. Cualquier emoción que surja en tu interior, por incómoda que sea, forma parte de ti. Acógela, siéntela y escúchala, porque detrás de ella hay gran cantidad de información que te ayudará a dar un paso más hacia tu bienestar y hacia tu paz. Y créeme (o no), no hay mayor felicidad que esa.

A menudo, la sociedad nos empuja a ignorar o anestesiar nuestras emociones vulnerables. Nos invita a evadirlas a través del consumo excesivo, las adicciones o esa búsqueda incesante de una perfección fabricada, basada en filtros. Lo peor es que ese ritmo nos desconecta de las emociones negativas, pero también de las positivas, como la alegría o la gratitud.

Esto me ha hecho recordar la reciente película *Blonde* sobre Marilyn Monroe. Aunque se trata de una obra de ficción, refleja de forma impactante cómo la vergüenza y la culpa afectan incluso a las personas que admiramos. La fama, lejos de ofrecer refugio, a menudo nos empuja a subir cada vez más el listón de la perfección, alejándonos de quienes somos de verdad.

Marilyn Monroe, a pesar de su enorme éxito y reconocimiento mundial, lidió con la vergüenza por su origen humilde, sus problemas de salud mental y sus relaciones fallidas. La culpa por no ser esa estrella perfecta o la esposa ideal la consumía día tras día. Su trágica muerte nos recuerda hasta qué punto la vergüenza puede afectar incluso a quienes parecen más brillantes y admirados.

Si hoy viéramos su vida en las redes sociales, tal vez la envidiaríamos, fascinados por una apariencia de perfección. Pero esa imagen sería solo una ilusión que oculta un profundo dolor. Esto nos invita a reflexionar sobre las falsas imágenes de perfección que a menudo consumimos, y a ser más amables con nosotros mismos. Todos, de alguna manera, estamos lidiando con nuestras propias vulnerabilidades y batallas internas.

El remedio, aunque no siempre es fácil, es claro: atreverse a ser uno mismo, porque la verdadera paz y felicidad se encuentran en aceptarnos y vivir desde esa autenticidad.

Transforma y suelta la vergüenza

Te propongo una meditación para trabajar con la vergüenza, enfocada en un momento de tu vida en el que te sientas culpable y esa culpa haya provocado una gran vergüenza.

1. Encuentra un lugar tranquilo donde puedas sentarte cómodamente. Cierra los ojos y empieza a respirar profundamente. Inhala lenta y suavemente por la nariz, sintiendo cómo el aire llena tu abdomen, y exhala por la boca, liberando cualquier tensión que puedas estar reteniendo.
2. Ahora, piensa en algo que te haya causado vergüenza. Un momento específico de tu vida en el que la culpa haya sido tan fuerte que te haya hecho sentirte mal contigo mismo. No te preocupes por juzgarlo, simplemente permítete traer ese recuerdo a tu mente.
3. Localiza esa vergüenza en tu cuerpo. Pregúntate: ¿dónde la siento? Tal vez sea en el pecho, en el estómago, en la garganta. Nota si hay alguna parte de tu cuerpo que esté más tensa, incómoda o pesada al pensar en esa situación.
4. Hazte preguntas clave (si lo necesitas, anota las repuestas): ¿qué es lo que me hace sentir tan avergonzado? ¿De dónde viene esta culpa? ¿Es mi propia percepción o una expectativa externa? Permítete reflexionar sin apresurarte a responder, solo escucha lo que surja.
5. Transforma la vergüenza con visualización: imagina esa sensación de vergüenza como una forma o color dentro de ti. Visualízala cambiando, haciéndose más ligera, más suave. Mira cómo esa energía densa se transforma en una luz cálida y envolvente, que fluye dentro de ti con paz y aceptación.

6. Afirma en silencio o en voz baja: «Soy digno de amor y respeto, tal como soy. Acepto mis errores y aprendo de ellos. Libero esta vergüenza y abrazo mi verdadero ser». Repite esta afirmación varias veces, permitiendo que cada palabra te llene de alivio.
7. Ahora, agradece a esa parte de ti que ha estado hablando a través de la vergüenza. Reconoce que esa emoción también ha estado ahí para protegerte, para enseñarte algo. Di en tu mente o en voz alta: «Gracias por mostrarme lo que necesitaba ver. Te escucho, y ahora elijo soltar y seguir adelante con gratitud».
8. Termina la meditación con gratitud. Agradece a tu cuerpo por sostenerte, a tu mente por permitirte este espacio de reflexión, y a ti mismo por darte este momento de sanación.

Hemos explorado algunas emociones que suelen ir de la mano con la culpa: vergüenza, ira, tristeza, resentimiento. Aunque hay muchas más, me he centrado en estas porque son las que con mayor frecuencia se manifiestan de forma más intensa y evidente.

Como ves, la culpa no es más que la punta del iceberg. Detrás de ella (al lado o al frente), hay un conjunto de emociones que necesitan ser escuchadas, comprendidas y aceptadas. La clave no está en reprimirlas ni en huir de ellas, sino en darles espacio para que se expresen, porque solo así podremos sanarlas.

Sé que no es fácil. Es un trabajo de por vida. Pero te aseguro que a medida que vas adquiriendo consciencia, que vas despertando y practicando tu bienestar, también se vuelve más sencillo. Quiero que recuerdes algo muy importante: no estás solo en este proceso. Todas estas emociones son parte de la experiencia humana, y cuanto más aprendas a escucharlas y a entender lo que intentan decirte, más te acercarás a esa paz y bienestar que tanto mereces.

Si en algún momento sientes que no puedes manejarlas solo, te animo a buscar ayuda. Hablar con un amigo, escribir tus pensamientos en un diario o trabajar con un terapeuta puede ser muy liberador. Lo importante es que no te rindas, que sigas avanzando, un paso detrás del otro. Cada emoción trae consigo un mensaje valioso, y si te permites escucharlas, abrirás la puerta a un profundo autoconocimiento y sanación.

Tú puedes.

Puntos de luz: ¿qué hemos aprendido?

- La culpa viene acompañada de emociones, entre otras, como la tristeza, el resentimiento, la vergüenza, la ira o la impotencia, que al no ser atendidas se acumulan y nos desconectan de nosotros mismos.
- Todas las emociones, incluso las que consideramos «negativas», son necesarias. Cada una nos ayuda a adaptarnos y nos proporciona información valiosa para entender qué necesitamos y qué nos falta en cada momento de la vida.
- Reprimir las emociones nos desconecta de nuestra verdadera esencia. La autenticidad y la coherencia se logran cuando dejamos espacio para vivir y procesar cada emoción, sin juzgarlas ni evitarlas.
- La tristeza nos invita a reflexionar sobre lo que valoramos. Nos muestra dónde están nuestras heridas y nos ayuda a conectar con lo que realmente importa.
- El resentimiento se origina cuando sentimos que hemos sido tratados injustamente o cuando alguien no cumple con nuestras expectativas. Al soltar la culpa de «haber permitido» ciertas situaciones, podemos liberar el resentimiento y avanzar con más ligereza.
- La ira es una emoción poderosa que nos ayuda a establecer límites. Cuando reprimimos la ira, la transformamos en culpa o resentimiento. Al aceptarla y gestionarla con sabiduría, se convierte en un motor para protegernos y actuar con firmeza.
- La vergüenza ataca nuestra identidad. Mientras que la culpa se centra en nuestros actos, la vergüenza ataca nuestro ser. Nos

impide mostrar nuestra verdadera esencia y nos lleva a vivir bajo un constante temor al juicio de los demás.

- El perfeccionismo es una forma de vergüenza disfrazada de virtud. Buscamos ser perfectos para evitar sentirnos insuficientes o indignos. Sin embargo, esto nos lleva a un ciclo agotador de autoexigencia que perpetúa la culpa y la vergüenza.
- La vergüenza y la culpa tienen un impacto profundo en la salud física y emocional. Se asocian con problemas graves de salud mental como la ansiedad, la depresión, las adicciones y los trastornos alimentarios.
- Liberarnos de la culpa y de sus compañeras emocionales requiere tiempo, conciencia y autocompasión. Es un camino de autoconocimiento y transformación que nos permite vivir con mayor autenticidad y ligereza.

6. DIME QUÉ DOLOR TIENES Y TE DIRÉ DE QUÉ TE CULPAS

«Todo lo que se resiste, persiste.
Y todo lo que se acepta se transforma».

—Carl Jung

Durante mucho tiempo, mi cuerpo me estuvo gritando que algo no andaba bien. Tenía la espalda tan rígida por el dolor que, durante más de un año, ni siquiera podía agacharme para atarme los zapatos. Fui a varios médicos, y aunque encontraron algunas razones físicas (mis resonancias parecían sacadas de una película de terror), el diagnóstico más grave quedó descartado. Resultó que tengo una malformación en una vértebra, algo probablemente relacionado con los años de gimnasia de competición. Pero yo sabía que había algo más. Mi cuerpo estaba cargando con un peso emocional que no sabía cómo liberar.

La culpa, al igual que cualquier otra emoción que reprimimos, no solo se queda atrapada en la mente, sino que también se manifiesta en el organismo. Como muchas personas, tendía a buscar solo causas físicas para mis males, pero cada vez hay más estudios que muestran que las emociones juegan un papel clave en nuestra salud (y viceversa).

La psiconeuroinmunología (PNIE) estudia precisamente cómo nuestras emociones y el sistema inmunológico están interconectados y cómo esa interacción influye en nuestros procesos fisiológicos. Y es que, cuando no gestionamos bien lo que sentimos, emociones tan potentes como la culpa se almacenan y terminan apareciendo como síntomas físicos.

LA FÁBRICA DE NUESTRAS EMOCIONES

Imagina tu cerebro como una gran fábrica, siempre en funcionamiento, las veinticuatro horas del día. Esta fábrica está organizada en diferentes departamentos y cada uno de ellos tiene una tarea específica. ¿Qué produce? Emociones de todo tipo: alegría, tristeza, amor, ansiedad… y, por supuesto, culpa (o como ya hemos visto en el capítulo anterior, un buen cóctel de todas ellas). Cada emoción, como un producto en una cadena de montaje, pasa por distintos procesos antes de llegar a nuestra conciencia.

La culpa, cuando aparece, es como un producto defectuoso que interrumpe el flujo natural de toda la fábrica. Si está en dosis moderadas, ya hemos visto que nos puede resultar útil. Sin embargo, cuando se produce en exceso puede, literalmente, bloquear el funcionamiento de otras áreas, causando un verdadero caos en todo el sistema.

Los operarios en acción

Imagina que uno de los primeros «operarios» de esta fábrica es un supervisor de calidad que revisa todo lo que haces. Este supervisor lleva una lista mental de tus valores y normas, todo eso que aprendiste en la infancia, y cada vez que haces algo que no está alineado con esos principios, te manda la alerta de la culpa.

Por ejemplo, si en una discusión dices algo que no deberías haber dicho, ese supervisor detecta el error. Es su forma de decirte: «¡Esto no está bien! Debes corregirlo». Este sistema no es malo, nos ayuda a adaptarnos a lo que consideramos correcto y a vivir en armonía con los demás. Nos recuerda que tenemos que reparar lo que hemos hecho mal.

Pero la cosa no termina ahí. Tras esa primera señal, entra en acción otro departamento: el del encargado de detectar fallos. Lo podríamos llamar también «el perfeccionista». Este operario repasa una y otra vez los errores. Seguro que te suena familiar esa vocecita interior que te cuestiona: «¿Por qué dije eso?» o «¿Y si hubiera hecho otra cosa?». Aunque a veces ese cuestionamiento es útil, estarás de acuerdo conmigo en que esa voz puede ser bastante molesta, ¿verdad? Los «y si...» nos llevan a un bucle de dudas interminables, pero cuando nos machacamos con eso, de poco sirve, ya que la vida se despliega instante a instante y... no hay vuelta atrás. Todo lo que podemos hacer es aceptar que, en cada momento, actuamos con el conocimiento y los recursos que tenemos y que, la próxima vez, lo podemos hacer diferente. Hay que tener presente que cada experiencia, incluso esos momentos en los que cometemos errores, nos ofrecen una oportunidad de aprendizaje.

Cuando este departamento trabaja en exceso, nos arrastra hacia la rumiación, ese bucle agotador de pensamientos negativos y autocrítica que nos hace sentir atrapados en nuestra propia mente. Es como si nuestra fábrica emocional se atascara en el análisis de lo que pudo haber sido, en lugar de permitirnos avanzar y soltar.

Luego tenemos a una nueva operaria: la encargada de las sensaciones físicas. ¿Te suena ese nudo en el estómago o esa presión en el pecho que sentimos a veces frente a una emoción? Pues es esta trabajadora del cerebro, la responsable en traducir las emociones abstractas en experiencias físicas tangibles. Todo eso que no procesamos puede quedarse atrapado en nuestro cuerpo y manifestarse como dolores o tensiones.

Finalmente, llegamos al departamento de memorias y alarmas, donde se encuentran la famosa amígdala y el hipocampo dos piezas clave en la forma en que nuestro cerebro procesa la culpa. La amígdala es como el detector de amenazas; cada vez que percibe una posible amenaza, ya sea física o emocional, activa todas las alarmas. Si alguna vez has sentido esa punzada de culpa al pensar que podrías ser castigado o rechazado, fue la amígdala la que dio la señal de alerta.

Por otro lado, el hipocampo funciona como un archivador emocional. Su tarea es guardar todas las memorias de las veces que has experimentado culpa y te permite revivir esos momentos una y otra vez. Este «archivo» nos ayuda a aprender de la experiencia, pero también puede convertirse en una trampa. Cuando el hipocampo y la amígdala trabajan en conjunto, puedes quedar atrapado en un bucle mental, reviviendo errores del pasado y perpetuando la culpa. Esto hace que sea difícil romper con esos patrones, ya que la mente sigue evocando los mismos recuerdos, activando las mismas emociones, y haciendo que el cuerpo se mantenga en un estado constante de tensión y alerta.

¡Atasco en la fábrica!

Cuando el ciclo de la culpa arranca, puede ser difícil detenerlo: repasamos lo que hemos hecho, sentimos ese malestar físico (del que quizás no somos conscientes), revivimos los errores del pasado, y volvemos a sentir culpa. Y así, hasta el infinito y más allá.

Lo más frustrante es que muchas veces no nos damos cuenta de lo que está ocurriendo hasta que el cuerpo empieza a mandar señales de socorro. Es entonces cuando llegan los dolores, las tensiones, el cansancio inexplicable... y, lamentablemente, en este punto solemos caer en un gran error: creer que nuestra mente y nuestro cuerpo son cosas separadas. Pensamos que el síntoma viene de fuera, pero la realidad es que todo está conectado.

EL CUERPO HABLA

El Dr. Gabor Maté, en su libro *El cuerpo dice NO*, nos invita a reflexionar sobre la profunda conexión entre nuestras emociones y nuestra salud física. Para Maté, el cuerpo no es solo un vehículo físico, sino también un reflejo de lo que estamos viviendo emocionalmente. Cuando reprimimos emociones como la ira, el dolor o el resentimiento, o cuando no gestionamos adecuadamente el estrés, nuestro cuerpo actúa como un depósito, almacenando estas cargas emocionales. Con el tiempo, esta acumulación puede derivar en problemas de salud graves, ya que el cuerpo encuentra su forma de decir «basta». Las emociones no expresadas terminan manifestándose a través de síntomas físicos, recordándonos la importancia de atender lo que sentimos.

Maté señala que muchas enfermedades crónicas, especialmente las autoinmunes, están relacionadas con la represión emocional. Según él, las personas que tienden a no poner límites, que dicen «sí» a todo, por la culpa que les genera decir «no», y que evitan confrontar sus propios sentimientos, son las más vulnerables a desarrollar enfermedades graves. ¿Por qué? Porque al no expresar lo que sienten, su cuerpo toma el relevo y lo hace por ellos.

Una de las ideas clave de Maté es que no es solo el estrés externo lo que nos enferma, sino el estrés interno, ese que creamos al no decir lo que pensamos, al no defendernos o al callarnos nuestras emociones. El problema es que este tipo de estrés es mucho más dañino porque puede ser crónico, constante y silencioso. Con el tiempo, puede sobrecargar nuestro sistema inmunológico, haciendo que el cuerpo entre en una especie de guerra consigo mismo.

Lo que Maté nos sugiere, y que me gustaría transmitirte a través de este libro, es la importancia de escuchar lo que nuestro cuerpo nos está diciendo. Si hay un síntoma, si el cuerpo reacciona de alguna forma, es porque algo más profundo necesita ser atendido. No se trata solo de gestionar el estrés externo, sino también de trabajar con nuestras emociones, de aprender a decir «no», de poner límites y de expresarnos de manera más libre y auténtica. De lo contrario, puede que logremos agradar a los demás, pero a costa de no ser fieles a nosotros mismos. Y cuando sacrificamos nuestra salud y bienestar emocional para complacer a otros, estamos pagando un precio demasiado alto, ¿no crees?

ATRAPADOS EN EL CEPO EMOCIONAL

Vivir bajo la presión constante de la culpa convierte el estrés en una respuesta automática. Aunque el estrés es una reacción natural en situaciones puntuales —ya que nos ayuda a enfrentar peligros—, cuando se convierte en una constante en nuestras vidas, el cuerpo empieza a sufrir las consecuencias.

David R. Hawkins, en su libro *Dejar ir*, nos recuerda que el verdadero problema no son tanto las emociones en sí, sino la resistencia que ejercemos hacia ellas. Al reprimir lo que sentimos, el estrés se intensifica y el cuerpo se mantiene en constante estado de tensión. La clave, según Hawkins, está en reconocer y aceptar nuestras emociones, permitiendo que fluyan de forma natural, sin forzarlas ni reprimirlas. De esta manera, reducimos la carga emocional que nos mantiene atrapados y le damos al cuerpo y a la mente el espacio necesario para relajarse y recuperar el equilibrio.

LAS RATAS TAMBIÉN ENFERMAN POR ESTRÉS

El neurobiólogo francés Henri Laborit diseñó un experimento para demostrar el impacto físico del estrés en los seres vivos y cómo el cuerpo responde según las diferentes maneras de afrontarlo. Para ello, expuso a ratas a situaciones de tensión aguda y observó cómo sus cuerpos reaccionaban conforme a las opciones que tuvieran para hacer frente a esa experiencia.

El experimento consistía en colocar a las ratas en dos grupos, cada uno sometido a una fuente de estrés constante e incontrolable, pero con una diferencia clave: un grupo tenía la opción de escapar, mientras que el otro estaba atrapado sin posibilidad de huir ni reaccionar. En el caso de las ratas que podían escapar o hacer algo para aliviar la situación, su cuerpo manejaba la presión de manera efectiva, sin daños aparentes en su salud física.

Sin embargo, las ratas que no tenían escapatoria ni podían responder al estímulo estresante comenzaron a manifestar signos físicos de malestar. Con el tiempo, sus cuerpos se sobrecargaron de tensión. Estas ratas comenzaron a enfermar gravemente, desarrollando úlceras y otras enfermedades relacionadas con el estrés crónico. La tensión que no podían liberar se iba acumulando en sus sistemas, causando daño físico y enfermedades.

Este experimento demostró claramente que cuando no hay una vía de escape ni una forma de descargar el estrés, el cuerpo sufre las consecuencias. Laborit puso en evidencia que el cuerpo acumula ese malestar y lo somatiza en forma de dolencias físicas.

¿Qué nos enseña esto? Pues que, al igual que esas ratas, cuando no liberamos nuestras emociones o no encontramos una forma de escapar del estrés que esas emociones nos provocan, nuestro cuerpo paga el precio. Esa energía emocional reprimida se va quedando en nuestro sistema y, con el tiempo, empieza a manifestarse en forma de síntomas físicos. Nosotros creemos que todas esas molestias aparecen de la nada, sin embargo, es nuestro cuerpo pidiendo a gritos que lo escuchemos.

En este contexto, cobran especial relevancia las teorías de dos referentes en el campo del trauma: Peter Levine y Bessel van der Kolk. Peter Levine, psicólogo especializado en trauma y fundador del método Somatic Experiencing (Experiencia somática), explica en su libro *Sanar el trauma* que, cuando enfrentamos una experiencia traumática, nuestro cuerpo intenta reaccionar a través de respuestas naturales como la «lucha o huida». Sin embargo, si no logramos completar esas respuestas, la energía queda atrapada en el cuerpo, lo que Levine denomina «ciclos de respuesta incompletos». Estas respuestas incompletas se quedan «almacenadas» en el cuerpo, y con el tiempo pueden manifestarse como enfermedades.

Bessel van der Kolk, psiquiatra y experto en trauma, en su obra *El cuerpo lleva la cuenta*, añade que los traumas no resueltos dejan huellas profundas en nuestro sistema nervioso. Estos traumas no solo se experimentan en la mente, sino que también afectan al cuerpo, manteniéndonos en un estado de alerta constante, como si siempre estuviéramos preparados para defendernos de un peligro que ya no está presente. Esta «hipervigilancia» desgasta al cuerpo y puede tener efectos devastadores en nuestra salud mental y física.

EL INTESTINO TIENE IDIOMA PROPIO

Últimamente, seguro que has escuchado hablar mucho sobre la salud intestinal, ¡y no es para menos! Cada vez más estudios confirman que el intestino, ese «segundo cerebro» que llevamos dentro, no solo se ocupa de la digestión, sino también de nuestra salud emocional. Este pequeño universo interno, la microbiota intestinal, es un ecosistema formado por billones de microorganismos, como bacterias, virus y hongos, que trabajan sin descanso y de manera silenciosa para mantener el equilibrio de nuestro bienestar físico y mental.

Más allá de procesar los alimentos, la microbiota desempeña un papel esencial en la regulación de nuestras emociones. Existe una conexión directa entre el intestino y el cerebro —conocida como el «eje intestino-cerebro»— que se comunica en ambas direcciones. Así que, cuando estamos bajo mucho estrés (por ejemplo, el que nos provoca emociones, como la culpa crónica), esa conexión se ve alterada, afectando directamente nuestra salud.

El Dr. Michael Gershon, en su libro *Second Brain* (Segundo cerebro), destaca que el intestino tiene su propio sistema nervioso, compuesto por millones de neuronas. ¡Increíble, ¿verdad?! Este «segundo cerebro» es capaz de actuar de manera casi independiente y está en constante comunicación enviando y recibiendo señales del cerebro. Esto significa que cualquier desajuste en el intestino puede afectar nuestras emociones, y viceversa.

¡No se vayan todavía, aún hay más!

El Dr. Emeran Mayer, en su libro *The Mind-Gut Connection (Pensar con el estómago)* nos cuenta cómo el estrés crónico y las emociones reprimidas pueden alterar el delicado equilibrio de la microbiota intestinal, lo que trae consecuencias que van mucho más allá de los problemas digestivos.

La microbiota intestinal es mucho más que un simple grupo de bacterias que nos ayuda a digerir lo que comemos. Realiza otras funciones clave como la producción de vitaminas, la regulación del sistema inmunológico y, muy importante, el equilibrio emocional. Un desequilibrio en la microbiota, conocido como disbiosis, puede causar desde problemas digestivos como el síndrome del intestino irritable, hasta exacerbar problemas de salud mental como, nada más y nada menos, que la depresión y la ansiedad.

Por si fuera poco, alrededor del 90 % de la serotonina, el neurotransmisor encargado de regular nuestro estado de ánimo, se produce en el intestino. Así que cuando el intestino está en crisis (como ocurre con el estrés y la culpa crónica) se pueden liberar sustancias tóxicas que alteran la producción de esta serotonina y afecta nuestra capacidad para sentirnos bien.

ES EL CICLO SIN FIN

Ahora, piensa por un momento en estar atrapado en un ciclo donde el estrés que provoca la represión de tus emociones te esté afectando tanto en tu estado de ánimo como en tu salud física. Es una rueda sin fin: más culpa, más malestar físico, más culpa y así sucesivamente. Este desajuste en la microbiota no ocurre de un día para otro, sino que es el resultado de ignorar nuestras emociones reprimidas, las cuales terminan desestabilizando tanto nuestro bienestar digestivo como mental.

Por eso, es tan importante comprender que mente y cuerpo son un todo. Si nuestras emociones no están bien gestionadas, el cuerpo lo reflejará. Y si nuestro cuerpo está mal, nuestra mente también sufrirá las consecuencias. No prestar atención a estas señales puede llevarnos a la inflamación crónica, que es la manera en que el cuerpo responde al estrés prolongado, y de ahí a un sinfín de problemas de salud.

¡SOS! EL CUERPO EN PIE DE GUERRA

Cuando vivimos en el estrés o la culpa de manera constante, nuestro cuerpo reacciona activando un mecanismo que, en principio, está diseñado para protegernos: la inflamación. Pero cuando esta respuesta defensiva se prolonga en el tiempo, la inflamación deja de ser útil y empieza a volverse en nuestra contra. Es como si el cuerpo estuviera batallando contra sí mismo, agotando sus energías en una lucha que no parece tener fin.

El Dr. Alessio Fasano, una eminencia en la investigación sobre permeabilidad intestinal y las enfermedades autoinmunes, ha demostrado que el estrés crónico puede hacer que la barrera intestinal se vuelva más vulnerable, algo que se conoce popularmente como «intestino permeable». Y ¿qué significa esto en la práctica? Imagina que tu intestino es como una muralla que normalmente protege a tu organismo de sustancias no deseadas. Con el estrés constante, esa barrera se debilita, permitiendo que toxinas y fragmentos de alimentos mal digeridos se cuelen en el torrente sanguíneo. Esto desencadena una reacción inflamatoria en cadena, que no solo afecta a tu cuerpo, sino también a tu mente. Es un ciclo que se retroalimenta, sin final a la vista.

Al principio del capítulo, te conté cómo mi cuerpo estaba rígido por el dolor de espalda. En ese momento, no sabía que el problema no se debía solo a causas estructurales. Mi organismo estaba completamente inflamado. Parte de la causa era una enfermedad autoinmune agravada por un intestino permeable. Lo más curioso de todo esto es que, ahora, puedo agradecer a esos síntomas incómodos, porque fueron la señal de alerta que me mostró que algo no estaba bien, tanto a nivel emocional como físico. Fueron esas señales las que me impulsaron a actuar, a investigar más profundamente lo que me estaba ocurriendo y a sanar desde la raíz. Espero de corazón que mi experiencia te sirva de ayuda.

LO QUE LA VIDA NOS ENSEÑA

Cada experiencia que vivimos, cada síntoma físico que aparece en nuestro cuerpo y cada emoción que sentimos traen consigo un mensaje valioso, siempre que estemos dispuestos a escuchar. Cuando surge la culpa o sentimos un malestar físico, en lugar de huir o ignorarlos, podríamos detenernos un momento y preguntarnos: «¿Qué me está tratando de decir esto que estoy viviendo?», «Qué hay detrás de esta sensación o dolor?». Este simple acto de detenernos nos abre una puerta hacia el crecimiento personal y el autoconocimiento.

Muchas veces proyectamos la culpa en los demás para evitar lo que realmente nos afecta. Lo mismo ocurre con los síntomas físicos: tendemos a verlos como simples molestias y buscamos eliminarlos rápidamente. Pero ¿y si en lugar de verlos como enemigos, los consideráramos señales importantes? Cada dolor y cada emoción tienen el potencial de revelarnos aspectos de nuestra vida que hemos descuidado o incoherencias que necesitamos atender. También nos invitan a reflexionar sobre qué cambios queremos (o necesitamos) hacer en nuestra rutina, hábitos o vida en general. Como bien dijo Hipócrates, el padre de la medicina: «Si alguien desea una buena salud, primero debe preguntarse si está listo para eliminar las razones de su enfermedad. Solo entonces es posible ayudarlo».

Es en este punto donde la culpa y los síntomas físicos dejan de ser obstáculos y se convierten en oportunidades. Si aprendemos a descifrar el mensaje oculto detrás de estas manifestaciones, podemos descubrir aspectos de nuestra vida que requieren ajustes o decisiones que están alineadas con nuestros valores. Así, en lugar de limitarnos, estas señales se transforman en herramientas poderosas de autoconocimiento. Y es este proceso de comprensión y cambio lo que, en última instancia, nos lleva al crecimiento personal y a un bienestar integral. Aunque, a veces ese bienestar signifique aceptar las cosas tal como son, incluso cuando no son perfectas.

CADA PERSONA LO VIVE A SU MANERA

Es importante recordar que cada persona es única. Lo que a mí me afecta de una forma, a ti puede afectarte de otra manera completamente distinta. No existen fórmulas fijas cuando hablamos de cómo el cuerpo procesa emociones o manifiesta síntomas. La misma emoción (o el estrés provocado por un cúmulo de ellas) puede presentarse de formas muy diferentes en cada cuerpo, o incluso no manifestarse físicamente. Mientras para alguien la culpa puede aparecer como migrañas, para otra persona puede ser una fatiga que no desaparece o problemas digestivos recurrentes.

A veces queremos respuestas simples, del estilo: «Si me duele aquí es por esto», pero la verdad es que somos mucho más complejos. Lo que ocurre en nuestro cuerpo suele ser el resultado de una combinación de factores tanto internos como externos, y cada individuo reacciona de manera única. Las causas de un mismo síntoma en dos personas pueden ser completamente distintas, y las consecuencias también lo serán. Porque, al final, cada una percibe de forma exclusiva, con el bagaje de nuestras experiencias y creencias.

Por eso, es importante no caer en la trampa de generalizar. Lo esencial no es buscar etiquetas o diagnósticos rápidos, sino entender que cada síntoma es una puerta que se abre para explorar nuestro interior, una oportunidad para conocernos mejor y, en última instancia, para crecer. No se trata de buscar respuestas cerradas, sino de estar abiertos a escuchar lo que nuestro cuerpo y nuestras emociones nos quieren decir.

Y aunque cada experiencia sea única, hay algo que sí es universal: el estrés prolongado deja huella. Si ignoramos las señales, lo que empieza como una pequeña molestia puede convertirse en un problema mayor. Escuchar esas señales a tiempo es clave.

Al final del capítulo, te dejaré una serie de ejercicios para que empieces a conectar con tu cuerpo, para que puedas realizarlos con calma. Ahora me gustaría explicarte el caso de Sara:

Sara y su lucha con la perfección

Sara me llamó completamente desesperada. Se sentía como si estuviera siempre corriendo contra el tiempo, con la sensación de que «nada de lo que hacía era suficiente» ni en su familia, ni en el trabajo, ni para consigo misma. Además, me dijo que «le dolía todo y no podía más». Su espalda estaba en una tensión constante, sufría dolores de cabeza y sentía una opresión en el pecho que le dificultaba hasta respirar. Como si eso no fuera suficiente, cualquier cosa que comía le sentaba fatal. Había acudido a varios médicos, pero ninguno encontraba una causa física clara para sus síntomas. Así que terminó viviendo a base de antiinflamatorios, osteópatas y fisioterapeutas. Aunque la aliviaban temporalmente, el malestar siempre regresaba.

Durante nuestras sesiones, poco a poco empezamos a tirar del hilo y lo que encontramos fue que la culpa estaba invadiendo cada rincón de su vida:

- Culpa por no sentirse a la altura con sus padres. Sentía que no les dedicaba el tiempo suficiente, lo que la hacía sentirse como una «mala hija».
- Culpa por no rendir lo suficiente en el trabajo. Aunque daba lo que podía de sí misma, siempre pensaba que podía hacerlo mejor o dedicar más horas.
- Culpa por evitar la intimidad con su marido. El cansancio, el estrés y el malestar habían afectado su deseo sexual, lo que le generaba unos remordimientos horribles.
- Culpa por perder la paciencia con sus hijos. Quería ser la madre perfecta, pero sus momentos de agotamiento la hacían explotar.
- Culpa por no cuidar de sí misma. Sabía que debía dormir más, comer mejor y hacer ejercicio, pero nunca encontraba el tiempo ni la energía.
- Culpa por tener que faltar al trabajo. Los días en que su cuerpo no respondía y no podía levantarse de la cama la hacían sentir que fallaba.

- Culpa por no cumplir las expectativas ajenas. Siempre temía decepcionar a los demás, como si estuviera fallando en todas las áreas de su vida.
- Culpa por tener la necesidad de «bajarse del mundo». Había días en que solo quería desconectar de todo y estar sola, pero eso la hacía sentir muy egoísta.

A medida que Sara empezó a ser consciente de estas emociones, pudimos comenzar a explorar lo que realmente estaba detrás de esa culpa. Lo que descubrimos fue profundamente revelador: esos sentimientos no solo eran el resultado de sus acciones actuales, sino que estaban ligados a patrones y creencias aprendidos desde su infancia. Y, en muchos casos, esa culpa venía acompañada de ciertos miedos y «beneficios ocultos» que la mantenían atrapada en un ciclo constante de autoexigencia. Algunos de los principales miedos que detectamos fueron:

- El miedo al rechazo: Sara creía, en lo más profundo, que si no seguía cumpliendo con las expectativas de todos, sería rechazada. Aunque su familia y amigos la querían, ella vivía con la sensación de que, si dejaba de hacer lo que ellos esperaban, perdería su amor y apoyo.
- El miedo a soltar el control: a través de la culpa, Sara mantenía el control sobre su vida. Sentía que, si no se exigía al máximo, todo a su alrededor se desmoronaría. Lo que no veía era que ese control le estaba robando su paz y salud.
- El miedo a enfrentarse a su vulnerabilidad: la culpa también le servía para no tener que reconocer que, en algunos momentos, necesitaba ayuda. Para Sara, admitir que no podía con todo era aceptar su vulnerabilidad, algo que le aterraba.

Explorar estas creencias no fue fácil. Cada vez que intentábamos soltar alguna de esas cargas, Sara se encontraba con resistencias: «Si no lo hago yo, ¿quién lo hará?» o «Si no estoy siempre al pie del cañón, todo se caerá». A través de esas excusas, evitaba enfrentarse al miedo de confiar en que el mundo no colapsaría si dejaba de ser imprescindible.

Sus dolencias físicas también le brindaban una salida. El dolor le daba una razón para detenerse, para desconectar sin sentirse culpable por «fallar». En cierto modo, esos síntomas se habían convertido en su vía de escape para evitar decir que no, pedir ayuda o simplemente parar.

El proceso de Sara fue un camino largo, pero poco a poco empezó a desmantelar esos mecanismos. Se dio cuenta de que su culpa no era más que una máscara para ocultar sus miedos más profundos. Aprendió que no necesitaba controlarlo todo ni ser perfecta para sentirse valiosa. Y, lo más importante, entendió que está bien pedir ayuda, que es normal ser vulnerable, y que su bienestar emocional y físico debían ser su prioridad.

Con el tiempo, los dolores en la espalda comenzaron a disminuir, los dolores de cabeza se hicieron menos frecuentes, la opresión en el pecho desapareció y sus problemas digestivos mejoraron considerablemente. Además de trabajar en sus emociones, Sara contó con el apoyo médico necesario, la osteopatía y la meditación.

Al final de todo este proceso, Sara aprendió algo fundamental: su cuerpo había estado hablando desde el principio. Los síntomas que tanto la atormentaban no eran sus enemigos, sino señales de alarma que la llevaron a revisar aspectos profundos de su vida. Al final, esos dolores que tanto temía se convirtieron en sus aliados en su camino hacia el bienestar y la reconexión consigo misma.

ESCÚCHATE Y DA EL PRIMER PASO

El camino hacia la sanación, tanto emocional como física, comienza por algo tan simple y a la vez tan poderoso: escuchar. Escuchar a tu cuerpo, a tus emociones, a las señales que, aunque a veces parecen incómodas, están ahí para guiarte.

A lo largo de este libro, he intentado ofrecerte herramientas y conocimientos que puedan servirte como mapa en este proceso de autodescubrimiento y sanación. Porque no se trata solo de entender lo que sientes, sino de dar a esas emociones el espacio que necesitan para fluir. Solo así podrás evitar que se conviertan en dolores, tensiones o malestares físicos que acaban por limitar tu bienestar.

Pero no tienes que hacer este viaje solo o sola. Es fundamental que, en este proceso, te rodees de profesionales que puedan acompañarte, guiarte y ofrecerte el soporte que necesitas. La verdad es que confiar en un terapeuta o especialista capacitado es un paso esencial. Si estás somatizando, si sientes que tus emociones te perturban o si tu cuerpo está intentando decirte algo a través de síntomas físicos, busca ayuda. Hoy en día, afortunadamente, tenemos un abanico de posibilidades a nuestra disposición. No estás solo. Habla con personas que hayan pasado por lo mismo, busca lo que les ha funcionado a ellos, investiga, explora, porque los recursos existen y están al alcance de tu mano para que te ayuden a comprenderte y sanarte.

La aceptación es el primer paso para transformar el dolor en sabiduría.

Nunca es demasiado tarde para vivir en coherencia contigo mismo, para vivir de manera más consciente y plena. No importa cuánto tiempo lleves cargando con esas emociones, siempre es un buen momento para cambiar, para empezar a escucharte de verdad. Aquí te dejo algunas recomendaciones y prácticas que te pueden ayudar en ese primer paso hacia tu bienestar.

Botiquín de herramientas:

- **Investiga al máximo:** la curiosidad es clave. Lee, aprende, abre tu mente. Hoy existen multitud de recursos y terapias que te pueden ayudar. Explora alternativas, experimenta con lo que resuene contigo y encuentra aquello que te haga sentir mejor.

- **Escanea tu cuerpo diariamente:** dedica unos minutos al día para una revisión consciente de tu cuerpo. Siéntate en un lugar tranquilo, cierra los ojos y siente cada parte de tu cuerpo, desde los pies hasta la cabeza. ¿Dónde notas tensión? ¿Dónde sientes incomodidad o dolor? Pregúntate qué emociones pueden estar relacionadas con esas sensaciones. Este ejercicio te ayudará a conectar tu mente y cuerpo, permitiendo liberar las tensiones acumuladas.
- **Practica la respiración consciente:** encuentra un lugar cómodo donde puedas sentarte o acostarte. Cierra los ojos y lleva una mano al abdomen, justo debajo del ombligo. Inhala profundamente por la nariz, sintiendo cómo tu abdomen se eleva bajo tu mano mientras lo llenas de aire. Mantén el aire unos segundos y luego exhala lentamente por la boca, sintiendo cómo tu abdomen baja suavemente. Repite este ciclo varias veces, enfocándote en la expansión y contracción de tu abdomen con cada respiración. Este ejercicio te ayudará a centrarte y a reducir las tensiones acumuladas en el cuerpo. Hazlo varias veces, especialmente en momentos de estrés.
- **Escribe un diario:** a veces podemos escribir lo que somos incapaces de decir en voz alta. Escribe sin filtros, expresa lo que sientes a diario y no te juzgues. Al ponerlo en palabras, verás cómo el caos mental comienza a tomar orden en el papel. Esta práctica es liberadora, porque quizás desvelarás cosas de las que ni tú mismo eras consciente.
- **Realiza movimiento expresivo:** si las palabras no son suficientes, deja que tu cuerpo hable. Pon música, cierra los ojos y deja que tu cuerpo se mueva de forma espontánea. No importa cómo lo hagas, lo importante es que permitas que el movimiento libere esas emociones atrapadas.
- **Haz terapia corporal o de liberación somática:** bajo la guía de un terapeuta especializado, podrás liberar las tensiones emocionales

que han quedado atrapadas en tu cuerpo y que se manifiestan como dolor o malestar físico. No subestimes el poder del cuerpo para sanar cuando se le da el espacio para hacerlo.

- **Practica yoga y meditación:** el yoga es una práctica milenaria que te ayuda a reconectar cuerpo y mente a través de posturas (asanas) y respiración (pranayama). Además, la meditación guiada es una herramienta eficaz para ser más consciente de tus emociones y liberarlas antes de que se acumulen en el cuerpo.
- **Implementa cambios en la dieta y el ejercicio:** como ya has visto y te animo a investigar más, la microbiota intestinal juega un papel importante en nuestra salud física y mental. Por lo tanto, hacer cambios en la dieta puede ser otra estrategia útil para romper el ciclo de la culpa.

  El ejercicio es importantísimo para mejorar la salud física y mental, ya que aumenta la producción de endorfinas y serotonina, que pueden mejorar el estado de ánimo y reducir la ansiedad.
- **Encuentra un buen terapeuta**: no tengas miedo de buscar ayuda profesional. Ya sea un psicoanalista, terapeuta corporal, psiconeuroinmunólogo, médico integrativo, kinesiólogo... es fundamental contar con la orientación adecuada. Un buen terapeuta puede ayudarte a identificar, procesar y liberar esas emociones que han quedado atrapadas.

Localiza la emoción en tu cuerpo

Este ejercicio te ayudará a identificar dónde sientes la emoción en tu cuerpo y a tomar conciencia de lo que te está diciendo.

1. Siéntate cómodamente en un lugar tranquilo, cierra los ojos y respira profundamente tres veces, inhalando por la nariz y exhalando por la boca.

2. Trae a tu mente un momento reciente en el que te hayas sentido culpable. No juzgues lo que pasó, simplemente observa esa emoción.
3. Ahora, haz una pausa y pregúntate: «¿Dónde siento esta culpa en mi cuerpo?». Puede aparecer como un nudo en el estómago, tensión en los hombros o una presión en el pecho. Pon atención en el lugar donde sientas algo diferente.
4. Focaliza tu respiración en esa zona. Imagina que con cada inhalación estás enviando aire fresco y relajante a ese punto de tu cuerpo, y con cada exhalación, estás soltando un poco de la tensión acumulada.
5. Repite este proceso durante 3 a 5 minutos. Al final, pregúntate qué mensaje podría estar intentando darte esa emoción.

Puntos de luz: ¿qué hemos aprendido?

- Las emociones reprimidas, especialmente la culpa, pueden desencadenar síntomas físicos como dolor, tensiones, problemas digestivos y enfermedades autoinmunes. Nuestro cuerpo actúa como un espejo que nos muestra, a través de molestias y dolencias, lo que no hemos sido capaces de procesar emocionalmente.
- Prestar atención a nuestro cuerpo y a las sensaciones que surgen nos permite detectar las emociones atrapadas y empezar a trabajar en ellas antes de que se conviertan en problemas crónicos. El cuerpo nunca miente: cada dolor o malestar es una señal importante que no debemos ignorar.
- Cuando las emociones no se expresan y el estrés se mantiene de forma prolongada, nuestro cuerpo sufre las consecuencias, volviéndose más vulnerable a enfermedades y generando un ciclo de malestar difícil de romper.
- La culpa, cuando se convierte en una carga constante, afecta directamente a nuestro bienestar emocional y físico. Este desajuste

puede alterar nuestra microbiota intestinal, impactando en nuestra salud digestiva y emocional y creando un bucle interminable de sufrimiento y malestar.

- No todas las personas experimentan el estrés y la culpa de la misma forma. Es fundamental entender que cada cuerpo reacciona de manera única y merece ser atendido con su propio enfoque.
- La culpa a menudo se origina en creencias limitantes aprendidas en la infancia o en experiencias pasadas que condicionan nuestro presente. Reconocer y desmantelar estos patrones nos libera de su influencia en nuestra salud física y emocional.
- La autoexigencia, la búsqueda de perfección y el deseo de cumplir con expectativas ajenas nos atrapan en un ciclo de tensión que se manifiesta en el cuerpo como dolores o enfermedades. Liberarse de estas creencias es fundamental para aliviar esa carga.
- La aceptación de lo que sentimos, sin juicios ni expectativas, nos permite reconectar con nuestro cuerpo y empezar a sanar.
- Cuando el cuerpo se enfrenta a un estrés continuo, la inflamación puede convertirse en una respuesta defensiva que, en lugar de ayudarnos, empieza a deteriorar nuestra salud. Aprender a gestionar las emociones que desencadenan esta inflamación es crucial para restaurar el equilibrio interno.
- El intestino, nuestro segundo cerebro, tiene un papel clave en nuestra salud emocional. Un intestino desequilibrado puede alterar la producción de neurotransmisores como la serotonina, contribuyendo a problemas emocionales como la ansiedad y la depresión.
- La necesidad de ser perfectos y de controlar todo esconde, en realidad, un miedo a no ser suficientes o a fallar. Este perfeccionismo alimenta la culpa y crea un estado constante de tensión interna que agota nuestro cuerpo y mente.
- Cada síntoma es una oportunidad de crecimiento. En lugar de ver las dolencias físicas como obstáculos, podemos considerarlas señales valiosas que nos invitan a reflexionar y a hacer cambios necesarios en nuestra vida. Cada dolor o malestar contiene información

que, si la escuchamos, puede guiarnos hacia un mayor autoconocimiento y bienestar.

- El camino hacia el bienestar es un proceso personal y único. No existen fórmulas universales para sanar. Cada persona tiene su propio ritmo y manera de procesar las emociones y el malestar físico. Es esencial respetar nuestro propio proceso, pedir ayuda cuando la necesitemos y ser compasivos con nosotros mismos durante el recorrido.

7. TESTIMONIOS DE CULPOSOS Y CULPOSAS

> «La culpa se desvanece cuando miramos a la vida con compasión, no solo hacia los demás, sino hacia nosotros mismos».
>
> —Albert Camus

No soy la madre perfecta
Raquel, 35 años

Cuando me convertí en madre, pensé que la mayor dificultad sería aprender a cuidar a mi bebé, pero pronto descubrí que lo más desafiante era convivir con la culpa. No importaba lo que hiciera, siempre había una sensación de que no estaba haciendo lo suficiente, que estaba fallando en algo esencial. Si trabajaba, me sentía culpable por no estar en casa con mi hijo, por perderme momentos clave de su crecimiento. Si me quedaba en casa, sentía que estaba sacrificando mi carrera, mis metas y, en cierto modo, mi identidad personal. Me sentía atrapada en un ciclo interminable de decisiones que nunca parecían ser las correctas.

Recuerdo que desde el embarazo ya me enfrentaba a expectativas. Todo el mundo tenía una opinión sobre lo que debía hacer: desde cómo alimentarme hasta qué tipo de parto era el más adecuado. Y cuando nació mi hijo, la presión no hizo más que aumentar. Decidí dejar de darle el pecho antes de lo que «recomendaban», porque mi salud emocional se estaba deteriorando y necesitaba un respiro. Pero, inmediatamente, el juicio externo y la culpa interna se apoderaron de mí. ¿Cómo podía fallar en algo tan básico como alimentar a mi hijo?

Me encontré comparándome con otras madres que parecían tenerlo todo bajo control. Sus hijos siempre bien cuidados, sus carreras en ascenso y, aparentemente, sin remordimientos. Mientras tanto, yo apenas podía encontrar tiempo para ducharme o tener un momento de calma. Me sentía constantemente juzgada, no solo por los demás, sino por mí misma. La autoexigencia era brutal. Me levantaba cada día con la intención de ser la mejor madre posible, pero al acabar el día solo podía ver lo que no había logrado.

Esa sensación de insuficiencia era agotadora. Me reprochaba constantemente por no estar presente en cada segundo, por no disfrutar plenamente de mi hijo, por no sentirme siempre feliz en este rol que tanto había deseado. Mi pareja intentaba apoyarme, pero ni siquiera él entendía completamente el peso de esa culpa, de esa necesidad de cumplir con una imagen imposible de la «madre perfecta».

Poco a poco, gracias al apoyo de otras madres que compartían mis mismos sentimientos, empecé a darme cuenta de que no estaba sola. Escuchar sus historias fue un alivio. Ellas también sentían esa carga constante de tener que cumplir con las expectativas sociales y familiares, y comprendí que muchas de esas exigencias no venían de mis necesidades reales, sino de un sistema que no estaba diseñado para apoyar a las madres, sino para hacernos sentir insuficientes. Fue revelador darme cuenta de que, muchas veces, esas expectativas eran más una construcción externa que una necesidad de mi hijo o mía.

Fue entonces cuando decidí que tenía que empezar a soltar esa culpa, aunque fuera poco a poco. No era una tarea fácil. Había años de autoexigencia que superar, pero entendí que ser una buena madre no significaba hacerlo todo a la perfección, sino ser una madre presente y consciente, capaz de escuchar sus propias necesidades sin sentir que me estaba fallando a mí misma o a mi hijo.

Uno de los momentos clave fue aprender a priorizarme. Al principio, hacerlo me parecía egoísta. ¿Cómo podía tomarme tiempo para mí, para hacer ejercicio o simplemente descansar, cuando había tanto por hacer? Pero entendí que, si yo no estaba bien, no podía ser la madre que quería ser. Empecé a darme permiso para salir con mis amigas, para disfrutar de un tiempo a solas, incluso para *malamadrear* un poco. Y aunque la culpa no desapareció de un día para otro, comencé a ser más amable conmigo misma.

Hoy, miro hacia atrás y me doy cuenta de lo mucho que he aprendido. La maternidad no es una carrera para cumplir con las expectativas de los demás, ni una batalla constante para demostrar que somos perfectas. Es un proceso de aprendizaje continuo, lleno de errores y aciertos.

He aprendido que mi valor como madre no depende de cumplir con una lista interminable de cosas que hacer, sino de la calidad del tiempo que paso con mi hijo, de cómo lo amo y lo cuido, y también de cómo me cuido a mí misma.

La historia de una estrella del pop
Pedro, 40 años

Para mucha gente, la fama y el éxito son sinónimos de felicidad, de haber alcanzado un estatus que todo el mundo anhela. Pero, en mi caso, cada paso que daba hacia la fama me hacía sentir más solo y desconectado de la realidad. Logré todo lo que me propuse: reconocimiento, premios, portadas en revistas…, pero detrás de cada logro tenía un pepito grillo que me decía que no me lo merecía, que solo estaba aquí por suerte y que, en algún momento, todo ese mundo de éxitos se derrumbaría. Estaba constantemente esperando el fracaso.

Recuerdo haber recibido un galardón importante por mi carrera, un momento que cualquiera habría celebrado con orgullo. Pero en lugar de sentir alegría, lo único que sentí fue un inmenso vacío y esa voz que solo me decía: «¿De verdad crees que esto es para ti? Hay personas que se han esforzado más y no están aquí». Esa culpa y vergüenza, por tener más éxito que otros, me seguía a todas partes. Me consumía por dentro.

Con el tiempo, empecé a notar que mi fama se había convertido en una carga, no solo para mí, sino también para quienes me rodeaban. Tenía una familia y amigos que me apoyaban, pero cada vez que compartía un nuevo logro, veía en sus ojos la distancia que crecía entre nosotros. A lo mejor no era tanto la fama, sino que mi egocentrismo y mi obsesión con el éxito me estaban alejando de todo el mundo. Me culpaba por estar tan centrado en mi trabajo, por dedicarle tantas horas a proyectos que me mantenían lejos de mis hijos y por no saber decir «no» a nuevas oportunidades que me hacían sentirme todavía más solo.

Era una paradoja: el mismo éxito que me acercaba al reconocimiento mundial, me alejaba de la vida que realmente quería vivir. Empecé a cuestionar si todo ese sacrificio valía la pena. ¿De qué sirve ser admirado por tantos si no puedes disfrutar de las pequeñas cosas, como una cena en casa o una conversación tranquila con un amigo? ¿Cómo se supone que debía gestionar la culpa de alejarme de lo que realmente importaba?

La culpa se intensificó cuando empecé a recibir críticas, no solo por mi trabajo, sino por cómo vivía mi vida. Sentía que cada cosa que hacía era motivo de halagos y críticas casi por igual. Me convertí en prisionero de mi propio éxito, sin poder quejarme porque eso significaría que era un ingrato, que no valoraba lo que otros soñaban con tener. Me sentía atrapado, sin derecho a expresar mi malestar, porque la fama, en teoría, anula cualquier sufrimiento. NO era fácil admitir que tenía todo lo que quería, pero aun así me sentía vacío y solo.

Las redes sociales fueron un catalizador de esa culpa. A diario recibía comentarios llenos de elogios, pero también mensajes que me recordaban que yo no era más que una figura construida por la industria, que mi éxito no era genuino. Era como si cada «te admiramos» viniera acompañado de un «no te lo mereces». Poco a poco, me aislé más, rodeándome solo de quienes no cuestionaban mis sentimientos. Me convertí en una especie de monólogo ambulante, y supongo que a la gente no le interesaban nada mis historias. Sin embargo, seguían escuchándome, porque es difícil cuestionar a un «famoso». Me cansé de hablar de mí mismo y tuve la suerte de tener a personas a mi alrededor que me hicieron de espejo y me abrieron los ojos.

Llegó un momento en que pensé en dejarlo todo. Desaparecer, abandonar la fama y volver a tener una vida sencilla. Pero al intentarlo, me di cuenta de que tampoco era tan fácil. Me había convertido en un símbolo para muchas personas, y dejarlas atrás también me hacía sentir culpable. ¿Cómo podía defraudar a quienes me habían apoyado desde el principio? Mi éxito se había convertido en una jaula dorada de la que no podía escapar.

Con el tiempo, y tras mucha terapia, comprendí que la culpa que sentía no venía del éxito en sí, sino de mi percepción de lo que esa fama significaba para mí y para los demás. Estaba intentando alcanzar un reconocimiento que, en realidad, yo mismo no me daba. Por eso, nunca era suficiente. Entendí que tenía derecho a disfrutar de mis logros sin cargar con las expectativas ajenas. Decidí que, si iba a continuar en el mundo del espectáculo, lo haría a mi manera, construyendo un nuevo enfoque, sin exigirle a la fama que me diera amor propio. Esa clase de amor la tenía que buscar en mí mismo, porque si no me comportaba como un pozo sin fondo. Todo valía ese precio. Así que dejé de exigirme ser perfecto o de intentar gustar a todo el mundo y empecé a ser yo.

Hoy en día, aunque la culpa todavía aparece de vez en cuando, he aprendido a dejarla ir. Sé que tengo derecho a disfrutar de lo que he construido y a compartirlo con los míos. Ser famoso no me hace menos humano. He aprendido a perdonarme por tener éxito y a aceptar que merezco todo lo que he conseguido, porque he trabajado duro para ello, aunque otros también lo merezcan.

Aún estoy aprendiendo a gestionar la fama y la soledad, pero he encontrado un equilibrio. Y aunque me costó mucho tiempo llegar aquí, sé que ser fiel a mí mismo es la única forma de reconciliarme con la fama sin sentirme culpable por lo que tengo o por lo que he perdido en el camino.

Mi hermana se suicidó y siento que no estuve ahí para ella Carol, 50 años

Hace un año, mi hermana con cuarenta y cuatro años y dos niños pequeños se suicidó, tras una larga batalla contra una enfermedad mental que casi nos lleva a todos por delante. Desde entonces, no pasa un solo día en el que no sienta una profunda culpa, una que me consume desde lo más profundo.

El día de su entierro, sentí que era yo quien debía estar ahí, bajo esa tierra fría. No podía dejar de pensar que fallé en mi papel de hermana mayor, que mi deber era cuidarla y protegerla, y no estuve a la altura. Me sé de sobra la teoría, e hice todo lo que estuvo en mi mano para tratar de evitarlo, pero no pudo ser. Desde entonces, vivo con ese peso en el pecho, incapaz de respirar con normalidad. Y cada vez que intento explicarle a alguien cómo me siento, sé que nadie puede entenderme. ¿Cómo puedo explicarle a alguien que no solo sufro por su muerte, sino que también me odio a mí misma por no haberla evitado?

Después de su muerte, caí en una espiral de depresión tan profunda que me alejé de todo y de todos. La mayoría de los días ni siquiera podía levantarme de la cama. Me sentía vacía, desconectada de la realidad, incapaz de atender a mi propia familia. Mis hijos y mi pareja se convirtieron en meros observadores de mi dolor. Ellos me necesitaban, pero yo no podía darles nada. Incluso hubo momentos en los que me preguntaba si también estarían mejor sin mí. Y esa idea, tan dolorosa y aterradora, me hizo darme cuenta de que estaba entrando en un lugar del que no sabía si podría salir.

Y entonces llegó otra capa de culpa: la culpa de no poder ser la madre y la esposa que ellos necesitaban. Me odiaba a mí misma por estar tan hundida, tan destrozada, que no podía brindarles ni siquiera una sonrisa. Me miraban con preocupación, tratando de ayudarme, pero yo los apartaba. Estaba tan consumida por mi dolor que me volví incapaz de cuidar a quienes estaban vivos y aún me amaban. Me castigaba por sentir que, al igual que no había podido ayudar a mi hermana, ahora no podía ayudar a mi familia.

Sé que todos esperaban que, con el tiempo, me recuperara. Que pudiera «superarlo» y volver a ser la de antes. Pero ¿cómo se supera algo así? ¿Cómo aceptas que alguien a quien amabas se fue porque no pudiste hacer nada para salvarla? Y, sobre todo, ¿cómo sigues viviendo, sabiendo que tu dolor está afectando a los que quedan?

He buscado ayuda, he ido a terapia y he hablado con otros «supervivientes». Me han dicho que es normal sentir culpa, que es una reacción esperada ante el suicidio de un ser querido. Pero ¿qué se supone que haga con esa información? Saberlo no me quita el dolor ni la responsabilidad que siento. Mis días siguen llenos de preguntas sin respuesta, de lágrimas que no se agotan, de gritos en silencio. Y mis noches están plagadas de pesadillas en las que vuelvo a ese momento una y otra vez, buscando a mi hermana, queriendo salvarla, pero nunca llegando a tiempo.

Estoy tratando de seguir adelante, de aprender a vivir con la culpa sin que me ahogue. Pero, sinceramente, no sé si alguna vez podré perdonarme. La gente me dice que no fue mi culpa, que no podía haberlo previsto, pero esas palabras no llegan a donde realmente las necesito. Porque la verdad es que me siento responsable. No fui capaz de ayudarla cuando más me necesitaba. Y aunque estoy tratando de cuidar a mi familia, hay días en los que siento que, al no haber podido salvarla, no merezco tener a nadie más a mi lado.

Pero la vida ha seguido sin ella, y yo también y, llegados a este punto, solo me quedan dos opciones: dejarme caer o intentar seguir adelante. Así que, aunque hay días en los que el peso de la culpa se me hace insoportable, sé que todo pasa. He aprendido que mañana será otro día y aunque mi felicidad siempre estará nublada por la sombra del suicidio, debo permitirme seguir buscando un lugar donde, por lo menos, me sienta a salvo. No puedo negar que sigo sintiendo culpa, pero es verdad que cada día me esfuerzo en transformarla en una compañera de vida llevadera. Dejando que, cada vez, la culpa ocupe menos tiempo y espacio en mi futuro, convenciéndome de que siempre hay algo a lo que aferrarse y eligiendo vivir.

Cada día trato de izar la bandera del perdón y la compasión hacia mi hermana y hacia mí misma.

Cuido de mi madre enferma, pero no llego a todo
María José, 55 años

Cuando mi madre enfermó, ni lo dudé: dejé el trabajo y me convertí en su cuidadora. Pensé: «No puedo dejar a mi madre en una residencia, tengo que cuidarla yo, no hay otra opción». Era mi responsabilidad. Pero lo que no sabía era cómo me iba a consumir todo esto. Había leído sobre lo duro que es ser cuidador de una persona dependiente, sobre el agotamiento y las consecuencias emocionales. Pero una cosa es leerlo, y otra muy distinta es vivirlo.

Al principio, intentaba mantener el control. Lo organizaba todo: medicación, citas médicas, su alimentación. Cuidaba hasta el más mínimo detalle. Pero pronto me di cuenta de que todo se desbordaba y yo ya no sabía dónde terminaba mi vida y dónde empezaba la suya. Entonces comenzó la culpa, una culpa constante que nunca me abandona.

Me siento culpable porque a veces pierdo la paciencia con ella. Porque hay días en los que no puedo más, en los que siento que no tengo nada más que dar. Me siento fatal porque a veces, sin desearlo de verdad, pienso en el día en que se muera. Y cuando me siento así, quiero escaparme, aunque sea un rato, salir corriendo y no mirar atrás. Y luego, cuando consigo ese respiro, me siento peor por haberme ido, por tener toda esa clase de pensamientos. ¿Qué clase de hija soy si necesito alejarme de mi madre, que no tiene la culpa de estar enferma?

¿Y sabes qué es lo peor? Que a veces siento rabia, y no sé hacia dónde dirigirla. Estoy enfadada conmigo misma por no ser capaz de llevarlo todo con dignidad, con ella por haberse enfermado (aunque sé que no es justo sentirlo) y con el mundo por esta situación que parece una trampa sin salida. Y justo en esos momentos, cuando estoy hundida en mis propios pensamientos, la culpa se hace más fuerte. Me dice que debería ser más comprensiva, más paciente. Que yo elegí esto. Pero ¿cómo puedo hacerlo bien si apenas soy capaz de soportar el peso de mis propios sentimientos?

Mi familia me dice que lo estoy haciendo de maravilla, pero no lo siento así. Siento que le fallo a ella y a los demás. A veces, tengo que pedir ayuda para cosas pequeñas, y cada vez que lo hago, siento que estoy perdiendo mi papel. Soy su cuidadora; se supone que tengo que ser yo quien lo haga todo, ¿no? Pero mi salud también se está resquebrajando, me duele todo. Incluso hay días en los que no me levantaría de la cama. Pero no puedo enfermarme, no puedo caer. Si caigo yo, ¿quién cuida de ella?

He perdido la cuenta de las veces que he llorado a solas en el baño, cerrando la puerta para que nadie me oiga. Porque siento que no tengo derecho a quejarme. Ella está sufriendo más, su cuerpo la traiciona, su mente la abandona. Yo, al menos, estoy sana. Entonces, ¿por qué me siento así?

Hay días en los que sueño con recuperar mi vida. Con levantarme un día y no tener todas esas obligaciones. Y luego, cuando esos pensamientos me asaltan, me siento la peor persona del mundo. Como si fuera un monstruo egoísta. ¿Qué clase de hija desea tener libertad cuando su madre está atada a una cama?

Cada día trato de recordar por qué estoy aquí, por qué hago lo que hago. Y sé que lo hago porque la quiero. Porque no podría dejarla en manos de alguien más, no podría soportar la idea de que no reciba el cuidado que se merece. Pero eso no hace que la culpa desaparezca. Lo único que me queda es aprender a vivir así, con esta culpa constante. No sé si algún día dejará de estar ahí, pero intento hacer las paces con ella. Porque, al final, sé que soy solo una persona haciendo lo mejor que puede y que sabe, incluso cuando pienso que no es suficiente.

Tengo cáncer y me siento un lastre
Jaime, 50 años

Cuando me diagnosticaron cáncer fue como si me explotara una bomba en la cara. La noticia no solo me cayó a mí como un jarro de agua fría, sino también a toda mi familia. Y aunque pensé que el miedo y la tristeza iban a ser lo más difícil de afrontar, lo que realmente me terminó consumiendo fue la culpa.

La gente te dice que seas fuerte, que te concentres en luchar. Pero ¿cómo te concentras en eso, cuando sientes que quizás lo provocaste tú mismo? Me culpo por no haberme cuidado mejor, por no haber dejado de fumar, por no haber ido al médico antes cuando empezaron esos síntomas pequeños, por no haberle prestado atención a mi cuerpo. Y aunque los médicos se cansan de repetirme que nada de lo que hice o dejé de hacer provocó esta enfermedad, la culpa sigue ahí, fastidiándome.

Pero lo peor no es eso. Lo peor es la culpa que siento por lo que mi enfermedad les está haciendo a los que me rodean. Mi pareja, mis hijos, mis padres... Cada día los veo más preocupados, haciendo grandes esfuerzos para fingir que están bien cuando en realidad no lo están. Mi mujer ha cambiado su vida para cuidarme y eso me duele aún más que el propio tratamiento. Me siento como una maldita carga, como si de repente les hubiera robado la paz, la alegría y la rutina. Ahora todo gira en torno a mis quimioterapias, a cómo me siento hoy, a si he comido o no... Y, aunque agradezco infinitamente que estén a mi lado, no puedo evitar sentirme culpable por haber traído tanto sufrimiento.

Hay días en los que pienso que quizá sería más fácil si yo no estuviera. Y entonces me castigo por pensar eso, porque debería estar centrado en luchar y sobrevivir. La culpa no me suelta, si no es por una cosa, es por la otra.

Por suerte, he comenzado a ir a terapia y a hablar con otros pacientes de cáncer. Muchos me dicen que sienten algo parecido, pero que no lo comparten porque creen que no deberían sentirse así. Parece que por tener esta enfermedad tenemos que ser los valientes y luchadores. Pero la realidad es que la enfermedad no solo se lleva nuestro cuerpo, también se lleva nuestra mente, y nos deja con esta culpa que no sabemos cómo manejar.

Con el tiempo, he empezado a darme cuenta de que la culpa que siento no es más que un reflejo de mi carácter. Siempre he querido tener el control. Creer que pude haber evitado la enfermedad, o que puedo gestionar las emociones de mi familia es solo una manera de no aceptar que hay cosas que se escapan totalmente de nuestras manos. Así que estoy aprendiendo a soltar ese peso. Me doy permiso para estar triste, para tener días malos y aceptar que, por una vez, no tengo que ser el pilar fuerte y estable para todos. También está bien dejarse cuidar, recibir amor sin cuestionarlo.

Mi familia sufre porque tiene miedo a perderme, no porque yo sea una carga. Esto es algo que nos puede pasar a todos, porque somos humanos, de carne y hueso y aunque no nos guste aceptarlo, la enfermedad forma parte de nuestra vida.

Me he dado cuenta de que la culpa solo me estaba impidiendo vivir. Y, aunque la enfermedad es dura y agotadora, también me ha enseñado a valorar cada pequeño instante. He aprendido a respirar profundo, a soltar la culpa un poco cada día y a agradecer estar vivo, aunque sea en estas circunstancias. Ahora cualquier cosa se ha vuelto importante: reír con mi familia, ver salir el sol, oler el aire después de la lluvia. Lo que antes daba por sentado, ahora lo valoro como un verdadero regalo, porque la verdad es que nunca más volverá a repetirse. Ojalá lo hubiera sabido antes.

Nunca estoy a la altura de mi madre
Mireia, 47 años

Durante muchos años, viví atrapada en una maraña de sentimientos que no sabía cómo nombrar. Rabia, tristeza, incomprensión... pero, sobre todo, culpa. La culpa de no haber sido lo suficientemente buena para mi madre. Desde pequeña, creí que yo era mala. Mi madre se encargó de que lo creyera. Cuando era niña, me decía cosas como «Tu hermana está enferma, pero tú... tú eres mala». Crecí con esas palabras como una especie de condena, convenciéndome de que el problema no era ella, sino yo.

Nunca entendí por qué su amor dolía tanto. Por qué siempre encontraba la forma de hacerme sentir pequeña y defectuosa. «Muy bien en tu carrera, pero un suspenso en la vida», solía decirme cada vez que lograba algo importante. Y yo, con ese anhelo de verla orgullosa de mí, me esforzaba aún más, esperando que esa vez sí fuera suficiente. Pero nunca lo fue. No importaba lo que hiciera, siempre había una nueva falta que señalar, un nuevo defecto que subrayar.

Crecí con la necesidad constante de demostrar que valía algo, y eso me llevó a ser una perfeccionista enfermiza. Todo lo que hacía tenía que ser perfecto, impecable, porque, en el fondo, creía que así, tal vez, lograría recibir el amor que tanto anhelaba. Esa autoexigencia me perseguía en todo: en la escuela, en el trabajo, en mis relaciones. Siempre estaba intentando alcanzar un estándar inalcanzable. No importaba cuánto me esforzara, siempre sentía que había algo que faltaba, algo que no estaba suficientemente bien.

El miedo al rechazo se convirtió en mi mejor amigo. Temía expresar lo que realmente pensaba, lo que sentía, porque tenía la sensación de que si los demás me conocían tal como era, me rechazarían. Cada palabra que decía la analizaba mil veces en mi cabeza, convencida de que estaba expresándome mal, de que algo estaba fuera de lugar. Y lo irónico es que, a pesar de ese miedo, la gente a mi alrededor me decía que tenía un don para comunicarme, que lograba explicar las cosas con una claridad que ellos admiraban. Pero yo no lo creía. Sentía que había una gran distancia entre lo que yo decía y lo que quería decir.

Esa distorsión que mi madre creó en mí me hizo dudar de cada cosa que hacía. Sentía que nunca nada estaba bien. Si alguien en mi entorno se mostraba serio o distante, automáticamente pensaba que había hecho algo mal, que había dicho algo inadecuado. Me culpaba por cosas insignificantes, por situaciones en las que no tenía ninguna responsabilidad. Si un lápiz desaparecía en el aula donde daba clases, mi mente asumía que todos pensarían que yo lo había perdido o, incluso, robado. Llegué a convencerme de que cualquier error en mi entorno era culpa mía, una prueba más de que no estaba a la altura de las circunstancias.

El peor momento llegó cuando mi madre puso una denuncia falsa contra mi padre, acusándolo de malos tratos. Mi hermana y yo sabíamos que no era verdad, y apoyamos a nuestro padre, pero esa decisión nos costó mucho. La culpa de darle la espalda a nuestra madre, aunque fuera la decisión correcta, se volvió asfixiante. Esa culpa me persiguió durante años, haciéndome sentir como una traidora. Sentí que le debía algo, que tal vez debería haberla ayudado más, comprendido más. Pero no podía seguir dejándome manipular. A pesar de todo, esa culpa se quedó incrustada en mi vida diaria. Me convertí en una experta en autodestrucción, en castigarme por no ser capaz de estar a la altura de las expectativas ajenas.

Me costó décadas entender que esa culpa no era mía. Que no era yo la que estaba mal, sino ella. Que su forma de amar nunca fue amor verdadero. La terapia me ayudó a verlo con claridad. Descubrí que no era responsable de la felicidad o el bienestar de mi madre. Que ese amor retorcido y doloroso no era lo que yo merecía. Pero me costó mucho aceptar que podía liberarme de ese peso, que no tenía que cargar con la responsabilidad de su enfermedad ni con las consecuencias de sus acciones.

Cuando empecé a trabajar en mí misma, vi con claridad todo lo que había perdido por culpa del miedo y la culpa. Durante años no pude tener relaciones sentimentales. Cualquier intento de intimidad se convertía en una tortura. Temía que alguien se acercara demasiado, que viera lo que yo creía que era un caos interior, un desastre de persona. Y cuando, por fin, me atrevía a confiar en alguien, mi mente se llenaba de dudas: «No digas esto, no hables de aquello, no lo hagas enfadar». Estaba convencida de que, si alguien me conocía realmente, me rechazaría como me había «rechazado» mi madre tantas veces.

Me tomó tiempo, pero he aprendido a dejar de buscar la perfección y, en su lugar, aceptar mis imperfecciones. Ya no siento que tenga que ganar el amor o la aceptación de nadie. Y, aunque todavía hay días en los que la duda me asalta, sé que no necesito hacer un esfuerzo descomunal para ser querida. He dejado de pedirle permiso a la culpa para ser feliz, y he aprendido a expresar lo que realmente siento sin miedo a que me juzguen o me rechacen.

Hoy, por fin, puedo decir que me he liberado de esa voz interna que me decía que no era suficiente. Sé que mi valor no depende de que todo el mundo me acepte, y que el amor, el verdadero amor, no se basa en el miedo ni en la culpa. Ahora puedo ser yo, tal como soy, y eso es lo más valioso que he aprendido.

Desde que fui padre, me siento en la sombra
Luis, 35 años

Ser padre es algo que siempre deseé. Pensé que sería una de las etapas más felices de mi vida, y lo es… Pero también ha traído una sensación que no esperaba: mucha culpa. Desde que nuestro bebé llegó al mundo, mi vida se ha vuelto una mezcla de emociones que me cuesta descifrar. Veo a mi esposa amamantando a nuestro hijo, haciendo colecho, compartiendo un vínculo tan profundo que me siento… fuera de lugar. Siento que he perdido mi espacio y que, de alguna manera, ya no formo parte de este equipo.

Los primeros días intenté no darle importancia. Me decía que era normal, que era parte del proceso de adaptación. Pero con el paso de las semanas empecé a darme cuenta de que me estaba sintiendo cada vez más desplazado. Mi esposa y el bebé son como un mundo aparte. Yo miro desde fuera, intentando ayudar en lo que puedo, pero siempre hay una distancia, una barrera invisible. Ella se encarga de todo: lo calma con el pecho, se despierta en las noches para darle de mamar, y duerme con él acurrucado a su lado. A veces me siento como un extraño en mi propia casa.

Trato de ser comprensivo, de entender que este es un momento en el que él necesita a su madre más que a mí. Pero la verdad es que duele. Me invade la culpa por no saber cómo ser útil, por no poder consolarlo como ella lo hace. Por sentir celos. Me siento un intruso cuando intento participar en sus rutinas, como si cualquier cosa que haga fuera torpe e innecesaria. Y cuanto más me esfuerzo, más torpe me siento.

Por las noches, me quedo en el sofá o en la habitación de al lado porque mi esposa y nuestro hijo duermen juntos en la cama. Lo entiendo, sé que el colecho es bueno para el bebé, que le da seguridad y fortalece el vínculo con su madre. Pero hay momentos en los que me pregunto: «¿Dónde quedo yo en todo esto?». Me despierto en medio de la noche y siento un vacío inmenso a mi lado. Me duele ver esa cercanía que no puedo compartir. Y entonces me siento culpable, ¿acaso soy egoísta por querer estar más presente, por desear ese espacio para mí también?

No he hablado de esto con mi esposa. No quiero que se sienta mal, ni que piense que la culpo a ella. Porque no es así. Ella está haciendo todo lo que nuestro hijo necesita, y lo está haciendo increíblemente bien. Pero mientras la veo entregarse por completo a nuestro bebé, siento que mi lugar en su vida se ha reducido a ser el que va a comprar al supermercado o el que lava los platos.

Me estoy dando cuenta de que mi rol en este momento es diferente. Que no se trata de competir por el cariño de mi hijo o por el espacio en nuestra cama, sino de apoyarlos a ambos desde donde pueda. Aun así, no puedo evitar sentirme rechazado, y esa sensación me sigue a todas partes, incluso cuando no tiene sentido.

En el fondo sé que esto pasará, que cuando nuestro bebé crezca, habrá más espacio para que yo también forme parte de esos momentos de cercanía. Pero la culpa no me deja en paz. Me dice que debería hacer más, que debería sentirme pleno y no cuestionar nada. Me siento mal por querer más, por sentirme celoso de una conexión que es natural y que sé que no debería envidiar.

Estoy tratando de encontrar mi propio espacio como padre, de comprender que esta etapa es transitoria. Pero no es fácil. La terapia me ha ayudado a ver que mis sentimientos son válidos, que no soy un mal padre por querer ser parte de ese vínculo tan especial. Estoy aprendiendo a redefinir mi rol y a confiar en que mi momento llegará. Hasta entonces, me esfuerzo por aceptar que mi lugar es estar aquí, disponible, y que, aunque me sienta desplazado, estoy siendo parte de la vida de mi hijo de una manera muy necesaria para los dos.

No tengo ganas de sexo, pero lo amo
María, 48 años

Durante un tiempo me sentí atrapada en una especie de culpa y frustración de la que no sabía cómo salir. Amo a mi pareja, pero cuando se trataba de intimidad, era como si mi cuerpo y mi mente hablaran idiomas distintos. El deseo que antes surgía de manera natural había desaparecido casi por completo. No es que no lo quisiera, sino que mi sexualidad estaba muerta. Y eso me generaba una culpa enorme, como si estuviera fallándole y la relación se desmoronara por mi culpa.

Sabía que mi cuerpo estaba atravesando un momento complicado. Me diagnosticaron una enfermedad autoinmune que me dejó con el ánimo, la energía y el deseo sexual por los suelos. Entenderlo, en teoría, debería haberme ayudado a aliviar esa culpa, pero en realidad no lo hizo.

Cada vez que él se acercaba, me esforzaba por encontrar esa conexión que antes teníamos. Pero mi cuerpo reaccionaba de forma opuesta: se tensaba, se cerraba. Me sentía impotente, nunca mejor dicho. Al principio, él fue comprensivo, me decía que estaba bien, que pasáramos más tiempo juntos sin presiones. Pero, con los meses, su comprensión se fue resquebrajando poco a poco.

Me esforcé por «cumplir» aunque no tuviera ganas, solo por complacerlo a él, para que no se sintiera rechazado, pero eso solo me hacía sentirme peor conmigo misma. Como si estuviera traicionándome.

Hice lo posible por arreglarlo. Visité médicos, investigué, probé distintos tratamientos. Y aunque me explicaban que mi falta de deseo podía deberse a muchas razones —la enfermedad, la fatiga, incluso los medicamentos—, esa información no me ayudaba a sentirme mejor. Me sentía desconectada, como si hubiera perdido una parte de mí, esa parte que solía sentirse conectada, viva y plena. La sensación de estar completamente perdida no se iba.

Fue entonces cuando decidí cambiar mi enfoque. En lugar de intentar volver a la normalidad de golpe, empecé a cuidar de mí misma de manera holística, abordando todos los aspectos de mi vida. Busqué ayuda en esa dirección. Cambié mi alimentación, incorporé suplementos que apoyaran mi enfermedad, empecé a hacer ejercicio de manera moderada para mantener mi cuerpo activo y saludable. También busqué terapias alternativas, como la meditación y la respiración consciente, que me ayudaron a reconectar con mi cuerpo de una forma más amable y menos exigente.

No ha sido un proceso fácil ni inmediato, pero poco a poco comencé a notar cambios. Esa sensación constante de tensión empezó a aflojarse, y aunque mi deseo no regresó de la noche a la mañana, empecé a escucharme sin presionarme tanto. Dejé de obsesionarme con la idea de «cumplir» y empecé a encontrar nuevas formas de conectar con mi pareja que no se centraban únicamente en el sexo. Recuperamos la alegría de compartir momentos juntos, de disfrutar una conversación tranquila o hacer algo que ambos disfrutáramos sin que hubiera expectativas de por medio.

A veces, la culpa todavía intenta colarse, recordándome que no soy la pareja que solía ser. Pero ahora tengo herramientas para enfrentarla. Me digo a mí misma que mi valor no se mide por el deseo físico, que mi amor no depende de cuántas veces podamos tener intimidad. Lo importante es que estoy sanando. Y sanar significa reconocer mis límites y cuidarme para poder estar bien.

Sé que la intimidad que solíamos tener no se ha perdido para siempre. Confío en que mi cuerpo aún tiene la capacidad de volver a disfrutar, de volver a sentir. Pero ahora mi prioridad está en sanar de manera integral. Me doy permiso para sentir lo que siento, sin culparme ni presionarme. Me enfoco en esos pequeños cambios que sé que pueden marcar una gran diferencia a largo plazo.

Con paciencia y amor, estoy redescubriendo mi cuerpo, entendiendo que mi valor como pareja no se mide solo por el deseo sexual, sino por todo lo que compartimos. Estoy aprendiendo a vivir en el presente, a aceptar que la salud no es solo lo que vemos, sino también lo que sentimos. Y sé que, mientras me cuide y me acerque a mi cuerpo desde un lugar de amor y compasión, podré encontrarme de nuevo.

Decir «no» y no morir en el intento
Julia, 39 años

Durante mucho tiempo, me costaba horrores decir «no». Cada vez que intentaba negarme a algo, sentía un peso enorme en el pecho, como si al decirlo estuviera fallándole a alguien. No sé ni cómo empezó esa culpa, pero ahí estaba, haciéndome sentir que no importaba lo que yo quisiera, porque lo importante era no decepcionar a nadie.

Me acostumbré a actuar según las necesidades de los demás, a asumir que cualquier tristeza o enfado que mostraran era mi culpa. Me decía a mí misma: «¿Habré hecho algo mal? ¿Habré dicho algo inapropiado?». Y, antes de darme cuenta, ya estaba ofreciendo mi ayuda, cediendo, tratando de enmendar algo que ni siquiera había roto. Me convertí en la persona que no dice «no» nunca, y eso me llevó a un ciclo agotador.

La culpa de decir «no» no es algo que surge de la nada. Crecí en un entorno donde mis emociones y opiniones no tenían mucho valor. Cada vez que intentaba expresarme o poner un límite, la respuesta era la misma: «No seas egoísta, piensa en los demás». Así que aprendí a callar, a ceder y a complacer. Decir «no» se convirtió en una batalla interna que siempre perdía. Mi boca decía «sí» mientras mi mente gritaba «¡no lo hagas!».

A medida que fui creciendo, este patrón se volvió insostenible. Mi agenda se llenaba de compromisos que no quería cumplir, y yo me sentía atrapada y enfadada conmigo misma. ¿Por qué me costaba tanto negarme? ¿Por qué sentía que tenía que estar siempre disponible? La respuesta estaba en ese miedo a decepcionar, a ser vista como alguien egoísta o desconsiderada.

Con el tiempo, me di cuenta de que me estaba convirtiendo en una versión de mí misma que no reconocía, una versión que priorizaba las necesidades de los demás por encima de las mías, simplemente porque tenía miedo de ser rechazada. Me esforzaba por cumplir con expectativas ajenas, sin siquiera preguntarme cuáles eran las mías.

La terapia me ayudó a ver las cosas con más claridad. Me di cuenta de que no era responsable de las emociones de los demás. Que no podía cargar con lo que pensaran o sintieran sobre mí. Empecé a entender que decir «no» no me convertía en mala o desconsiderada, sino en alguien que sabe poner límites. Y que esos límites eran necesarios para no terminar ahogándome en mi propia culpa.

Todavía me queda un largo camino por recorrer, pero estoy aprendiendo a soltar esa necesidad de aprobación constante. Ahora, cuando alguien me pide algo, me detengo a pensar si realmente quiero hacerlo, en lugar de soltar un «sí» automático. Y si decido que no quiero o no puedo, simplemente lo digo. A veces me siento incómoda, claro, pero me recuerdo que tengo derecho a cuidarme, a no sobrecargarme.

Decir «no» ya no me parece un pecado. Es mi manera de ser honesta y auténtica, de recuperar una parte de mí que había dejado de lado por miedo a lo que otros pensaran. He aprendido que ponerme en primer lugar no es egoísmo. Es aprender a quererme y a respetarme. Y eso es algo que no pienso volver a sacrificar.

8. EL EGO ESTÁ ENAMORADO DE LA CULPA

«El viento no puede agitar una montaña.
Ni el elogio ni la culpa mueven al hombre sabio».

—Buda

Tenía muchas ganas de llegar a este capítulo porque, por fin, vamos a desvelar el secreto mejor guardado de todos nuestros problemas internos: el ego. ¿Sabes esa dichosa vocecita interna que siempre está ahí cuando te sientes culpable, cuando piensas que no eres suficiente o cuando te comparas con los demás? Pues sí, ese es nuestro «yo interior» haciendo de las suyas. Y te prometo que entender cómo funciona cambiará la manera en la que vives la culpa y muchos otros estados negativos.

El ego es esa parte de nosotros que busca proyectar una imagen idealizada de lo que creemos ser. Se empeña en mantener intacta esa identidad «perfecta» porque percibe cualquier error como una amenaza a su estabilidad. De este modo, la culpa se convierte en una aliada, reforzando la idea de que si algo no salió como esperábamos es porque existe algo fundamentalmente malo en nosotros. Esta dinámica se da tanto en pequeños errores cotidianos como en las situaciones más dolorosas y profundas, en las que sentimos que, por ejemplo, hemos fallado en proteger o ayudar a alguien que amamos, o cuando nos enfrentamos a un evento que cambió nuestras vidas para siempre.

El ego se aferra a la culpa porque le permite seguir creyendo que, de alguna manera, podemos recuperar lo perdido o redimirnos castigándonos a nosotros mismos. Pero la culpa, en lugar de ser una señal de responsabilidad, se convierte en un peso que arrastramos cuando no podemos aceptar nuestras propias limitaciones o cuando algo ha escapado a nuestro control. Es como si quisiéramos controlar la dirección del viento moviendo las ramas de un árbol.

Cargar con la culpa es la manera en que el ego intenta controlar lo incontrolable.

El ego nos convence de que, al sufrir y castigarnos, estamos compensando o expiando el dolor causado, asumiendo un poder que en realidad nunca tuvimos. Al hacerlo, solo nos hundimos en el autojuicio y nos impedimos avanzar y sanar. Tenemos que mirarnos al espejo y renunciar a ese poder ilusorio que creemos tener. Se trata de aprender a reconciliarnos con aquello que no podemos cambiar, porque nunca estuvo bajo nuestro control.

A veces, el mayor acto de valentía es aceptar que hay cosas que no podemos cambiar.

NUESTRO ENEMIGO INTERIOR

El ego, aunque parece inofensivo, a menudo nos separa de los demás, creando barreras invisibles que nos dificultan conectar de corazón. Cuando el ego toma el control, sin que nos demos cuenta, todo empieza a girar en torno a lo que nosotros queremos, lo que sentimos o lo que necesitamos. Nos enfocamos en el «yo» y olvidamos el «nosotros». A todos nos ha pasado alguna vez, ¿no? Eso de pensar que lo nuestro es lo más importante y, de forma sutil, vamos levantando pequeñas barreras.

Esto ocurre a menudo en situaciones cotidianas, pero también en momentos de gran dolor. Cuando atravesamos una pérdida o una situación traumática que no pudimos evitar. En esas circunstancias difíciles el ego se aferra a la culpa para dar sentido a lo que no tiene explicación. Empieza a construir narrativas de «y si hubiera hecho esto», «y si no hubiera permitido aquello». De esta manera, la culpa se convierte en una especie de consuelo oscuro, una manera de dar sentido a lo que no lo tiene y mantenernos conectados a la idea de que podríamos haber cambiado el desenlace.

Recuerdo la historia de Eric Clapton. En 1991, perdió a su hijo Conor, de solo cuatro años, cuando el niño cayó desde una ventana de un apartamento en Nueva York. No puedo imaginar el dolor tan desgarrador que debieron sentir sus padres en ese momento. La sensación de vacío y la voz interna que no dejaría de repetir: «Si hubiera estado allí, si hubiera cerrado la ventana...». El propio Clapton compartió más tarde cómo él y la madre de Connor se culpaban a sí mismos, convencidos de que podrían haber evitado esa tragedia de alguna manera.

Pero la realidad es que no podían haberlo previsto. Aun así, como ocurre con muchos padres que enfrentan la pérdida de un hijo, la culpa se convirtió en una forma de mantenerse conectados a su memoria, de no soltar ese dolor que parecía ser lo único que les quedaba de él.

El ego no quiere aceptar su propia vulnerabilidad ni la falta de control. Prefiere hacernos creer que somos responsables absolutos, cuando en realidad la vida está llena de situaciones que no dependen de nosotros.

Querido lector, querida lectora, creo que después de esta historia nos merecemos una pausa. Si estás leyendo estas palabras desde un lugar de dolor, te quiero decir algo: nadie puede hablarte de ese sufrimiento mejor que tú. Nadie conoce mejor las profundidades de esa pérdida, esa sensación de que el mundo sigue girando mientras tú te sientes paralizado. No pretendo saber lo que estás viviendo, porque el dolor, aunque compartido, es siempre genuino y personal. Solo puedo invitarte a inhalar profundamente, y a que te permitas sentir lo que necesites sentir.

Puede que el ego te esté diciendo que la culpa es la única manera de conectar con ese dolor, con esa situación que no puedes cambiar. Pero recuerda que aferrarse a la culpa es solo una forma de dar sentido a lo que, a veces, no lo tiene. Permítete no cargar con ese peso. No es necesario que te castigues para honrar la memoria de alguien. Trata de ser amable contigo mismo. Date permiso de sentir sin juzgarte, para respirar sin culpa y, poco a poco, dejar que el amor y el recuerdo se transformen en una fuente de paz, no de dolor.

Si en este momento la compasión hacia ti mismo parece inalcanzable, está bien. Empieza por reconocer que lo estás haciendo lo mejor que puedes, con lo que sabes y con lo que sientes. El camino de sanación no es lineal, pero cada pequeña dosis de amabilidad que te ofrezcas será un alivio, una brizna de luz que cada vez brillará más.

Liberarnos de esta visión limitada nos permite ver más allá del «yo» y empezar a soltar ese dolor que no nos corresponde. En lugar de cargar con el peso de la culpa, podemos aprender a ver la situación con más compasión y a reconocer que, incluso cuando sentimos que fallamos, eso no nos define en absoluto.

He querido hacer este inciso porque hay culpas que te paralizan el alma, pero este patrón de proyección se manifiesta también en pequeñas interacciones del día a día. Por ejemplo, imagina que estás en una conversación tratando de explicar algo importante, y tu interlocutor toma la primera frase que dices para hablar de su experiencia. Sin siquiera terminar de escucharte, la conversación ha cambiado de rumbo y ya solo trata de él o ella. O quizás eres tú quien ha hecho esto, sin siquiera notarlo. Pues bien, ese es el ego apropiándose del espacio y acaparando toda la atención.

El ego siempre quiere hablar de sí mismo, incluso cuando parece estar escuchando.

Cuando no somos conscientes del ego, él hace todo lo posible para que el mundo gire a su alrededor. Y cuando algo lo desafía, saca su peor versión, incluso contra nosotros mismos. Por ejemplo, en una relación de pareja (o de cualquier tipo), solemos ver a nuestra pareja como una extensión de nuestro «yo»: mi «pareja», mi «compañero/a de vida». Pero cuando surge una discusión o un enfado, esa persona que solía ser parte de nosotros se convierte, de repente, en el «otro», alguien separado de nuestro «yo».

El ego se aferra a todo lo que considera suyo: «mi familia», «mi religión», «mi política», «mi dinero», «mi opinión», «mi verdad»... y sigue con esa cantinela de «mi, mi, mi, yo, yo, yo». Esa manera de ver el mundo nos aleja del amor y de la conexión con los demás, como si levantáramos muros alrededor de lo que consideramos nuestro y dejamos fuera todo lo que no encaja en esa visión.

Las grandes divisiones, incluso las guerras, nacen de esa misma raíz: «yo quiero esto», «esto es mío», «mi religión es la correcta» o «mi política es la mejor». En el día a día, el ego nos lleva a discusiones donde sentimos la necesidad de tener siempre la razón. Nos hace creer que sabemos más que los demás, que somos los más justos o que tenemos la verdad. Y, claro, el mundo sería perfecto si todos pensaran como nosotros, ¿verdad? ;) (Al menos, eso es lo que nos hace creer el ego).

Los maestros budistas nos enseñan que si queremos saber cuánto espacio ocupa nuestro ego, solo necesitamos observar cómo reaccionamos cuando nos critican (con razón o sin ella). Si nuestra reacción es desproporcionada, si nos sentimos profundamente heridos, es señal de que es hora de suavizarlo, de aprender a soltar. Lo mismo ocurre cuando nos hinchamos de orgullo ante un halago: ahí también está hablando el ego.

Las reacciones intensas son espejos que reflejan cuánto control tiene el ego sobre nosotros.

Soltar la culpa a través de la compasión

Te invito a realizar este ejercicio para que puedas darte la compasión que tú mismo le darías a un ser querido.

1. Encuentra un lugar tranquilo y sin distracciones. Siéntate cómodamente, con la espalda recta, y toma unas cuantas respiraciones profundas para relajarte. Siente cómo cada inhalación llena tu cuerpo de aire fresco y cómo cada exhalación libera cualquier tensión que puedas estar cargando.
2. Conecta con la culpa que sientes. Piensa en una situación específica en la que te sientas culpable. Puede ser algo reciente o del pasado. Permítete revivir esa sensación, pero sin juzgarte. Solo observa cómo aparece en tu cuerpo. ¿Es un nudo en el estómago? ¿Una presión en el pecho? Simplemente siente dónde se manifiesta.
3. Escribe una carta a ti mismo/a desde la perspectiva de alguien que te ama incondicionalmente. Imagina que eres un ser querido, un amigo comprensivo, o incluso tu yo del futuro, hablándote con todo el cariño y compasión del mundo. En esa carta, reconócete el dolor que has sentido y valida tus emociones. No se trata de justificar lo que ocurrió, sino de aceptar que hiciste lo mejor que pudiste con lo que sabías en ese momento.
4. Comienza la carta con frases similares a: «Querido/a [tu nombre], sé que estás sufriendo y entiendo por qué te sientes así... Sé

que te sientes culpable porque crees que podrías haber cambiado las cosas, pero quiero recordarte que... Quiero que sepas que está bien equivocarse y que esto no te define...».

5. Describe la situación de la manera más compasiva posible. En lugar de enfocarte en los «y si...» o en lo que crees que deberías haber hecho, escribe sobre lo que realmente sucedió y acepta tus limitaciones como ser humano. Recuerda incluir frases parecidas a:

   «Lo hiciste lo mejor que pudiste en ese momento».

   «No tenías toda la información ni el control que crees haber tenido».

   «Eres digno/a de amor y perdón, incluso con tus errores».

   Al terminar de escribir, lee la carta en voz alta, como si estuvieras hablando contigo mismo/a en un momento de profundo consuelo. Deja que las palabras te envuelvan y observa cómo te sientes.

6. Quema la carta (opcional). Si te sientes preparado/a, puedes cerrar el ejercicio quemando la carta (de manera segura) o rompiéndola en pedazos pequeños mientras visualizas que la culpa se desvanece con cada pedazo que dejas ir. Al hacerlo, repite en voz alta: «Elijo soltar este dolor. Elijo perdonarme y ser compasivo/a conmigo mismo/a».

LA CULPA ES DE LOS DEMÁS

Cuando el ego siente que su imagen está amenazada, tiende a proyectar la culpa en los demás. «Si no fuera por lo que él o ella hizo, yo no me sentiría así», nos dice esa vocecita interior. Y, claro, ¿quién no ha sentido eso alguna vez? Nos resulta mucho más fácil culpar a otros que asumir la responsabilidad de nuestros propios errores o emociones.

Es normal. Culpar a los demás nos protege, porque enfrentarnos a nuestra propia vulnerabilidad puede ser doloroso o, simplemente, el ego no nos lo permite. Admitir nuestros errores o reconocer que nuestro malestar viene de dentro puede doler, y el ego, siempre alerta, hará todo lo posible para evitar ese dolor. Así, nos convencemos de que el malestar viene de fuera, cuando, en realidad, su origen está dentro de nosotros.

Hace poco, en una entrevista que me hicieron al presentar *La bruja que perdió la magia*, me preguntaron qué podemos hacer frente a las críticas. Bien, es cierto que al recibir una crítica lo más fácil es reaccionar, dejando que las emociones negativas nos invadan. Incluso con todo el entrenamiento del mundo, a no ser que ya seamos un lama tibetano o zen, lo normal es que reaccionemos al principio. Sin embargo, siempre tenemos la opción de tomar esa crítica (siempre y cuando no sea algo grave o que requiera medidas serias) como un simple aliento que sale de la boca de alguien, y aprender a soltarlo. ¿Por qué darle tanto poder? Lo que alguien diga de ti no te cambia. Eres lo que eres, con tus luces y tus sombras, con tus cualidades y tus defectos. Ese comentario, esa crítica, no es más que aire que se expulsa al hablar. Aprender a soltar es clave para mantener nuestra paz interior. Y aunque no siempre es fácil, con conciencia y entrenamiento, es posible. La recompensa es inestimable: tu paz.

Las palabras de otros no tienen poder sobre nosotros hasta que las dejamos entrar y les damos significado.

Ahora, vamos a darle la vuelta a la situación. Imagina que estás teniendo un mal día en el trabajo y, sin querer, reaccionas mal con un compañero o compañera. En lugar de reconocer que tu reacción fue inapropiada, el ego busca excusas: «Es que me ha hablado mal primero» o «Es que siempre me interrumpe». El famoso «es que, es que, es que…» entra en juego. El ego no quiere aceptar que quizás nuestra reacción fue exagerada, y así nos impide mirarnos con compasión y aceptar nuestros propios errores. Y aquí está la clave muchas veces: no sabemos cómo tratarnos con amor.

Así, la culpa entra en escena en todo este juego, porque se convierte en una herramienta que el ego usa para mantenernos atrapados en un ciclo de sufrimiento, siempre buscando excusas en lugar de soluciones. El ego necesita proteger su imagen y, al hacerlo, nos hace sentir que somos incapaces de asumir nuestros errores. Bien, es momento de ver las artimañas que utiliza.

ESPEJITO, ESPEJITO

El ego adora compararse. Le encanta, es su deporte favorito. Nos empuja a medirnos con los demás, y así es como, inevitablemente, surgen los juicios. De repente, ya no es solo que seamos diferentes, sino que empezamos a preguntarnos si somos mejores o peores que los demás. Es como si el ego dijera: «Vamos a compararnos», y ahí empieza el juego mental: «¿Estoy haciendo lo correcto?», «¿Qué pensarán de mí?», «¿Soy lo suficiente bueno?».

Estoy segura de que esto te suena totalmente familiar. Hoy en día, las redes sociales se han convertido en el escaparate perfecto para que el ego se luzca en ese juego de las comparaciones. Miramos las vidas de los demás a través de fotos y publicaciones «perfectas» y empezamos a cuestionarnos si nuestra vida es tan buena como la suya. El ego no tiene piedad cuando se trata de comparaciones y, por cada imagen que vemos, surgen pensamientos similares a: «¿Por qué ellos tienen una vida tan perfecta y yo no?».

Con cada comparación, viene el juicio inevitable.

Nuestro ego, pobrecito, siempre está a la defensiva, tratando de protegerse. Necesita demostrar que es «suficiente», que está al nivel de los demás o incluso por encima. Pero ahí es donde entran en juego el miedo y la culpa. El ego nos hace creer que fallar, o ser menos, es lo peor que nos puede pasar. Ha creado una imagen de sí mismo tan perfecta, que cualquier cosa que no se ajuste a esa imagen nos hunde en la culpa. Nos castigamos por no ser tan perfectos como esa versión que hemos creado (inconsciente), o como las versiones idealizadas que vemos en los otros.

Es un juego cruel que el ego adora, pero al que no tenemos por qué seguir jugando. Las comparaciones no tienen ningún sentido si no son con uno mismo, con quien fuimos ayer, con nuestras propias aspiraciones y nuestro propio camino. Cada vez que caemos en el juego de compararnos con los demás, nos alejamos de lo que realmente somos y nos sumergimos en una carrera interminable, donde el ego siempre encuentra algo más que mejorar, algo más que desear.

Un caso interesante es el de Steve Jobs, el fundador de Apple. Su visión perfeccionista y el deseo de crear algo revolucionario lo llevaron a lograr cosas impresionantes. Sin embargo, su fuerte carácter y la necesidad de tener todo bajo control también le generaron muchos conflictos en sus relaciones personales y profesionales. De hecho, en un momento clave de su carrera, el propio consejo de administración de Apple lo apartó de la compañía que él mismo había fundado. Imagínate lo que eso significó para su ego.

Jobs cuenta en varias entrevistas que, tras ser despedido, pasó por un proceso de reflexión. Fundó otras empresas exitosas, como Pixar, y cuando Apple empezó a tener problemas, lo llamaron de vuelta para salvar la compañía. Y no solo la salvó, sino que la transformó en la gigante tecnológica que es hoy. Lo interesante es que, en esta segunda etapa, Jobs era consciente de cómo su ego había influido en su pasado. Reconoció que no todo podía girar en torno a él y que confiar más en su equipo y soltar su necesidad de control absoluto también era clave para el éxito.

Su historia nos muestra que, aunque el ego puede llevarnos lejos, también puede ser un obstáculo si no aprendemos a gestionarlo. Al final, Jobs nos enseña que soltar el ego no significa dejar de ser ambicioso o exitoso, sino aprender a equilibrar nuestras aspiraciones con la capacidad de conectar mejor con los demás y vivir con más serenidad.

Está claro que cuando soltamos esa necesidad de medirnos con otros, comenzamos a descubrir una paz mucho más profunda, una que nace de aceptarnos tal como somos, reconociendo que nuestro verdadero crecimiento solo se puede medir con nuestro propio progreso, con esa versión de nosotros mismos que seguimos nutriendo día a día. De lo contrario le estaremos siguiendo el juego al ego, y todavía tiene muchas más artimañas que mostrarnos.

O TE QUIERO O TE RECHAZO

Aquí viene otra de las trampas favoritas de ese *yo falso*. Si no somos conscientes de él, nos hará bailar entre dos grandes fuerzas: el apego y la aversión. Nos aferramos a todo aquello que sentimos que refuerza nuestra identidad: nuestras opiniones, nuestras relaciones, nuestras ideas de cómo deberían ser las cosas. Y, al mismo tiempo, rechazamos todo lo que desafía esa identidad o nos incomoda. Es como una montaña rusa de emociones, siempre oscilando entre lo que queremos y lo que evitamos.

Pongamos un ejemplo sencillo: imagina que te sientes apegado a la idea de que siempre debes ser amable y comprensivo con los demás. Pero un día tienes un mal día, y reaccionas de manera brusca. Ahí está el ego, echándote la culpa: «¿Cómo pudiste reaccionar así? ¡Tú eres mejor que eso!». No solo te hace sentir mal por lo que ha pasado, sino que también te aleja de una realidad más sencilla y humana: que somos seres completos, con luces y sombras.

Y no es que tengamos que ir gruñendo a los demás, pero, quizás, podríamos reconocer que tuvimos un mal día, que se nos fue el tono de las manos (¡porque ese tono también existe en nosotros!) y pedirle disculpas a la persona y dejar ir el tema. Pues no. Es posible que muchos de nosotros nos quedemos con esa sensación de «fracaso» durante un buen tiempo por varias razones:

- Porque no queremos admitir que tenemos una cara B, esa parte que no encaja con nuestra idea de perfección.
- Porque la culpa refuerza nuestra idea de que, en el fondo, somos buenas personas, ya que seguimos sufriendo por ese error.

Es como cuando vienen visitas y no tienes tiempo de ordenar la casa, así que metes todo el desorden en un cajón y lo cierras rápido, con la esperanza de que nadie lo vea. Pues lo mismo hacemos con esas partes de nosotros que no queremos aceptar o mostrar. Las escondemos en nuestro inconsciente, porque creemos que «no está bonito mostrar eso». Sin embargo, esas partes, aunque estén ocultas, siguen siendo parte de nosotros, como ese «desorden» que intentamos ignorar.

Somos seres completos, con todos nuestros matices. Solo que a veces preferimos identificarnos con una parte y ocultar la otra. ¿Y cuál es el problema? Que lo que no queremos ver, tampoco lo podemos transformar. Así que ¿no sería mejor aceptar todo lo que somos, sin juicios, y decidir qué queremos hacer con ello?

Lo que escondemos en el desván del inconsciente, tarde o temprano se asoma por la ventana de la culpa.

LA ILUSIÓN DE LA SEPARACIÓN

Todo en la vida está profundamente interconectado, desde las cosas más simples hasta las más complejas. No somos islas en medio de un océano, aunque el ego nos haga sentir que así es.

El maestro zen Thich Nhat Hanh lo expresa de una manera muy bonita cuando compara el ego con las olas del mar. Cada ola puede parecer única, diferente a las demás, pero en realidad todas ellas forman parte del mismo océano. Sin el océano, las olas no podrían existir. Sin embargo, el ego nos hace creer que somos una ola solitaria, separada, sin conexión con las demás, cuando, en realidad, compartimos la misma esencia, esa misma naturaleza interconectada.

El ego nos hace creer que somos olas independientes, pero en realidad, somos el océano jugando a ser olas.

Pensemos en algo tan simple como la camiseta que llevas puesta. Para el ego, es solo «tu camiseta». Quizás la elegiste por el color, el estilo o porque estaba de oferta. El ego te dice: «Es mi camiseta, la escogí yo y aquí termina la historia». Pero la realidad es mucho más profunda y extensa de lo que parece. Esa prenda, antes de llegar a tus manos, ha pasado por una red inmensa de interconexiones. Para empezar, el algodón con el que está hecha proviene de una planta que necesitó la luz del sol, agua, tierra fértil y lluvia para crecer. Después, alguien tuvo que recoger ese algodón bajo un sol intenso, tal vez en un campo a miles de kilómetros de donde estás ahora mismo.

Posteriormente, fue transportado, probablemente en camiones o barcos que usaron combustible, y luego pasó por varias fábricas donde fue hilado, teñido, cortado y cosido. Cada una de esas etapas involucró a personas que dedicaron mucho tiempo y esfuerzo. Finalmente, esa camiseta llegó a la tienda donde la compraste, en un proceso que necesitó más transporte, electricidad y la labor de más personas para que estuviera disponible para ti.

De repente, esa «simple camiseta» se convierte en una compleja red de conexiones, no solo de recursos, sino también de vidas humanas, esfuerzos y naturaleza. El ego nos hace creer que esa camiseta es un objeto individual y que solo nos pertenece a nosotros. Pero, como ves, su existencia depende de una vasta red mucho más amplia.

Te invito a hacer una pequeña pausa. Toma una respiración profunda y consciente. Inhala lentamente y mientras lo haces, piensa en que el aire que llena tus pulmones no proviene de la nada. Cuando exhalas, devuelves algo al mundo. Ese dióxido de carbono tan necesario para completar el ciclo que necesitan las plantas. Cada respiración es un recordatorio de nuestra interdependencia, una oportunidad para sentir gratitud.

Si piensas en ello, todo lo que nos rodea tiene esta misma complejidad. Desde la comida que comes, que ha pasado por las manos de agricultores, transportistas y chefs hasta el café que bebes por la mañana, cada elemento en nuestra vida es producto de una red infinita de esfuerzos y recursos. ¿No es hermoso verlo así?

Somos parte de un todo. Nuestra existencia, nuestra felicidad dependen tanto de los demás, como del universo que nos rodea. Así que la idea del ego, de que estamos separados o de que podemos ser completamente independientes, no es más que una ilusión.

TODO ESTÁ EN CONSTANTE CAMBIO

Algo que al ego le cuesta aceptar es que la vida es un flujo continuo, siempre en movimiento. Ni tú ni yo somos las mismas personas que éramos ayer. Nuestro cuerpo cambia, nuestras células se renuevan y nuestra mente también está en constante evolución, con pensamientos y emociones que fluyen como un río. Cada instante se renueva continuamente. Sin embargo, el ego se aferra a la idea de que todo es permanente. Nos dice que todo debe permanecer igual, que nuestras creencias, identidades y emociones son fijas e inmutables.

El ego nos hace creer que somos estáticos, que lo que somos hoy, lo seremos siempre. Pero la realidad es mucho más liberadora. Estamos en transformación constante. Cada nueva experiencia, cada aprendizaje, nos cambia de maneras sutiles o profundas. Lo maravilloso de esto es que, en cualquier instante, podemos elegir dejar de identificarnos con esos estados negativos que el ego utiliza para controlarnos. Podemos soltar la culpa, el miedo, el rencor... y simplemente estar en el presente, ligeros y libres de esas cargas.

Es en ese presente, sin las cadenas del pasado ni las expectativas del futuro, donde realmente podemos vivir con más plenitud. Y es aquí donde el cambio se convierte en un aliado. Nos recuerda que siempre tenemos la oportunidad de crecer, de evolucionar, de transformarnos.

¿CÓMO EL EGO PUEDE DEJAR DE AMAR A LA CULPA?

El ego convierte a la culpa en su fiel escudera, una herramienta para proteger esa imagen «perfecta» que quiere mantener a toda costa.

La culpa, entonces, refuerza esta separación. Es como si el ego dijera: «Si algo salió mal es porque no soy perfecto, pero me castigaré o culparé a otros para no enfrentar que en realidad soy una mezcla de virtudes, defectos y que no tengo el control absoluto».

Entonces, ¿cómo el ego puede dejar de amar a la culpa? Aquí te dejo algunas pistas:

- **Reconoce tu humanidad completa:** la culpa profunda suele estar ligada a la creencia de que deberíamos haber sido más fuertes, más valientes o sabios. Pero, al abrazar nuestra vulnerabilidad, el ego pierde su necesidad de aferrarse a la culpa. ¿Qué le dirías a un niño que ha cometido un gran error? Probablemente le recordarías que todos fallamos, que no siempre podemos preverlo todo y le animarías a levantarse y seguir adelante. ¿Por qué no hacer lo mismo con nosotros mismos?

- **Cambia la perspectiva sobre los errores:** en lugar de pensar: «He fallado, soy terrible», prueba con: «He cometido un error, pero eso no define quién soy. Puedo aprender y seguir adelante». Este simple cambio de enfoque transforma la culpa en una oportunidad de crecimiento.

- **Ve los errores como lecciones, no como castigos:** los errores son solo una forma de aprendizaje. Deja de identificarte con ellos y permítete verlos como pasos necesarios en tu camino de desarrollo personal.

- **Suelta el control absoluto:** el ego nos hace creer que todo depende de nosotros y que debemos manejar cada situación. Sin embargo, al aceptar que no podemos abarcarlo todo, liberamos el peso de la culpa y asumimos nuestras responsabilidades con más compasión. Dejar ir no es rendirse, sino aprender a confiar en el flujo natural de la vida.

- **Asume la responsabilidad con amabilidad:** ser responsable no significa castigarse. Haz lo mejor que puedas con lo que está a tu alcance, y reconoce que siempre habrá factores externos que no dependen de ti. Asumir la responsabilidad con compasión te libera del autojuicio.

- **Acepta lo que no puedes cambiar:** parte del proceso de soltar la culpa es reconocer que no siempre podremos controlar todo. Al aceptar esto, dejamos de cargar con la culpa innecesaria y avanzamos con más ligereza. Muchas veces, la paz llega cuando aceptamos que algunas batallas no tienen por qué ser peleadas.

- **Deja de luchar contra tu naturaleza:** solo cuando dejamos de luchar contra quiénes somos realmente, el ego comienza a perder su poder. La culpa deja de ser una herramienta de castigo y se convierte en una oportunidad para aprender, crecer y avanzar.

- **Sé compasivo contigo mismo:** la compasión hacia ti mismo es la clave para soltar la culpa. Trata tus errores con la misma amabilidad con la que tratarías a un ser querido. Al hacerlo, liberas la carga emocional y te permites seguir adelante con más paz.

Con estas pequeñas transformaciones, tu relación con la culpa cambia, y el ego poco a poco dejará de utilizarla para mantenerte atrapado en ese ciclo de autocrítica.

UNA CONEXIÓN QUE NOS LIBERA

Al darnos cuenta de la interdependencia, también podemos soltar la necesidad de tener siempre la razón, de compararnos o de culpar a otros o a nosotros mismos, y nos abrimos a una visión más compasiva y conectada del mundo. Entender la interconexión nos ayuda a desmantelar las ilusiones que crea el ego y a vivir con más paz y armonía.

La culpa, en el fondo, es el ego defendiendo su imagen idealizada. Nos castigamos porque no encajamos en esa idea de perfección que hemos creado. Pero cuando comprendemos la interconexión, nos damos cuenta de que no todo depende de nosotros, que estamos inmersos en un entramado mucho más grande. Y eso nos libera de la presión de ser perfectos, nos ayuda a perdonarnos con más facilidad y a aprender de nuestros errores sin esa carga emocional tan pesada.

Comprender la interconexión nos transforma profundamente, tanto en nuestra relación con nosotros mismos como con el mundo que nos rodea. Al entender que no somos seres separados, sino parte de un todo interconectado, experimentamos varios cambios importantes:

1. **Nos liberamos del sufrimiento autogenerado:** el ego nos mete en una lucha constante por mantener nuestra imagen, por compararnos o por tener razón. Esto genera culpa, miedo, vergüenza. Pero cuando entendemos que no somos un «yo» separado, todo eso empieza a disolverse. Ya no necesitamos cargar con el peso de ser perfectos o de protegernos.

2. **Aceptamos nuestra imperfección:** al dejar de vernos como responsables absolutos de todo lo que ocurre, empezamos a ser más amables con nosotros mismos. Nuestras acciones, buenas o malas, forman parte de un entramado mayor, y eso nos permite aprender sin sentirnos aplastados por la culpa.

3. **Desarrollamos compasión y empatía:** al vernos conectados con los demás, surge una empatía natural. Dejamos de compararnos y empezamos a ver a los demás con más comprensión, porque todos estamos en ese flujo de vida, enredados en la misma red. En realidad, aunque no lo sepamos, la empatía es el idioma del corazón y la compasión, el puente que nos conecta a todos.

4. **Vivimos con más paz:** al soltar la idea de controlarlo todo, de ser superhéroes, dejamos de vivir anclados en la culpa por el pasado o en la ansiedad por el futuro. La interconexión nos ancla al presente, donde podemos aceptar las cosas tal como son, lo que nos da una sensación de alivio, ligereza y humanidad.

LA HISTORIA DE LOS SEIS SABIOS CIEGOS Y EL ELEFANTE

Me gustaría contarte esta leyenda de un pequeño pueblo en el que vivían seis sabios ciegos. Resulta que se reunieron por primera vez para contemplar a un elefante. Ninguno de ellos había visto o tocado nunca a este animal, y cada uno se acercó con la intención de entender de qué se trataba. Cada sabio tocó una parte distinta del elefante, y, según lo que sintió, formó su propia idea de lo que era este imponente ser.

El primer sabio, al tocar la trompa, concluyó con total seguridad que el elefante era como una serpiente, delgada y flexible. El segundo, que tocó la pierna, pensó que era como un robusto tronco de árbol. El tercero, que tocó el costado, estaba convencido de que el elefante era como una pared maciza. El cuarto sabio, al tocar la cola, pensó que era similar a una cuerda. El quinto, tocando la oreja, dijo que era como un abanico. Y el sexto, al palpar los colmillos, afirmó que era como una lanza.

Cada uno estaba absolutamente seguro de que tenía razón. Al comparar sus experiencias, comenzaron a discutir y a pelear entre ellos, defendiendo con firmeza su versión de lo que era el elefante. Ninguno de los sabios se daba cuenta de que, aunque sus percepciones eran válidas, estaban experimentando solo una pequeña parte de la realidad. El elefante era mucho más que lo que cada uno había percibido individualmente.

El ego hace exactamente lo mismo. Nos hace creer que lo que estamos experimentando es la totalidad de la realidad, que lo que sentimos o percibimos es todo lo que hay. Si sentimos culpa, nos creemos que esa culpa lo es todo. Si proyectamos la culpa en otro, creemos que esa persona es completamente responsable de lo que ha pasado. Pero igual que los sabios ciegos, estamos viendo solo una pequeña parte del elefante. La realidad completa es mucho más amplia, y solo cuando abrimos el *zoom*, más allá de la ilusión del ego, podemos darnos cuenta de que lo que sentimos, lo que hacemos, está interconectado con todo lo que nos rodea.

LIBRE, COMO EL SOL DE LA MAÑANA

Trabajar con el ego no significa eliminarlo (¡porque no podemos!). El ego no es algo que podamos extirpar como una muela. No es un objeto, ni una entidad. Es una parte de nosotros, un proceso mental que está siempre ahí. Pero lo que sí podemos hacer es observarlo, notarlo, reconocer cuándo está actuando. Y cuando nos damos cuenta, podemos empezar a liberarnos de su control.

La meditación es una herramienta maravillosa para esto. No se trata solo de sentarse a respirar. Se trata de observar, de ser consciente de cómo nuestra mente viaja por diferentes caminos. De notar cuándo el ego está tomando las riendas y, en lugar de luchar contra él, simplemente decir: «Ah, ya te veo». Porque si peleamos con el ego, lo único que hacemos es reforzarlo. Pero si lo observamos con amabilidad, podemos empezar a soltarlo cada vez más.

Así que, mi querido lector, no te castigues por sentir culpa, por compararte, por tener ese ego que todos tenemos. El ego es parte de ser humano, y está bien. Pero lo importante es que ahora, al verlo en acción, podemos empezar a tomar decisiones más conscientes, a ser más amables con nosotros mismos y con los demás. Como decía C. S. Lewis: «La humildad no es pensar menos de ti mismo, es pensar menos en ti mismo».

Recuerda que cada vez que te descubras atrapado en las comparaciones o en la culpa, es solo el ego jugando su juego. Y ahí es donde puedes decir: «Gracias, ego, pero ya no te necesito en este momento». Con cada pequeño gesto de comprensión, estás soltando un poquito más, y eso es todo lo que necesitamos para empezar a vivir con más ligereza y paz.

Quehaceres para el ego

A continuación, te dejo varias propuestas de ejercicios que te ayudarán a ser consciente del ego y soltarlo.

1. Meditación de las hojas en el río

Encuentra un lugar tranquilo donde puedas sentarte cómodamente. Cierra los ojos y empieza a enfocarte en tu respiración, dejando que se vuelva natural y relajada. Ahora, imagina un río de aguas suaves que fluye frente a ti. Cada vez que un pensamiento, emoción o preocupación aparezca en tu mente, no te aferres a él. En lugar de eso, coloca ese pensamiento sobre una hoja que flota en el río y observa cómo la corriente se lo lleva. Repite este proceso con cada pensamiento que surja, soltándolos suavemente, sin resistencia. Haz esto durante 5-10 minutos y nota cómo te sientes más ligero y en paz.

2. Ejercicio del globo

Siéntate en un lugar cómodo y cierra los ojos. Imagina que estás sosteniendo un globo lleno de tus preocupaciones o emociones negativas. Siéntelo en tus manos, siente su peso, y reconoce todo lo que representa. Mientras respiras profundamente, imagina que te preparas para soltar ese globo. Cuando estés listo, suelta tus manos en la imaginación y observa cómo el globo flota lejos. Siente el alivio en tu cuerpo al dejarlo ir. Haz esto con cada preocupación que identifiques, soltando uno por uno los globos de pensamientos.

3. Visualización de las burbujas del ego

Siéntate o recuéstate en un lugar tranquilo. Cierra los ojos e imagina que a tu alrededor están flotando burbujas que contienen tus pensamientos y emociones negativas, como el juicio, la culpa o la preocupación. Con cada inhalación, observa cómo estas burbujas permanecen, pero con cada exhalación, una burbuja comienza a elevarse y a desaparecer, disolviéndose en el aire. Haz esto repetidamente, inhalando profundamente y, con cada exhalación, soltando una burbuja más. Siente cómo al soltar estas burbujas, te vas conectando con la paz interna.

4. Técnica de respiración consciente para soltar el control

Encuentra un lugar tranquilo para sentarte o acostarte. Cierra los ojos y enfoca tu atención en tu respiración. Inhala profundamente por la nariz mientras mentalmente dices «suelto». Siente cómo tu cuerpo se relaja con cada inhalación. Al exhalar por la boca, di «dejo ir» en tu mente. Imagina que, con cada exhalación, estás liberando tensión, control o cualquier expectativa que te esté pesando. Repite esta respiración consciente durante 5 minutos, sintiendo cómo cada respiración te lleva a un estado de mayor calma y aceptación.

5. Diario de soltar

Toma un cuaderno o una hoja y, al final de tu día, siéntate en un espacio tranquilo. Haz una lista de las cosas que te hayan causado preocupación, culpa o cualquier pensamiento que te haya mantenido inquieto. Escribe cada pensamiento o emoción con detalle, sin juzgarte. Luego, al lado de cada ítem, escribe: «Lo suelto». Al hacerlo, visualiza que estás liberando ese peso de tu mente. Esta práctica diaria te ayudará a soltar conscientemente lo que ya no te sirve y empezar el siguiente día más ligero.

Puntos de luz: ¿qué hemos aprendido?

- El ego se aferra a una imagen idealizada de perfección y utiliza la culpa como un medio para justificar sus errores, protegerse del juicio y mantener intacta esa identidad ideal.
- Centrarnos en el «yo» crea barreras invisibles que nos separan de los demás, alimentando el juicio, el sufrimiento y la desconexión emocional.
- Al ego le encanta aferrarse a la culpa o proyectarla en otro con tal de evitar enfrentar sus propias imperfecciones.
- El ego se alimenta al compararse constantemente con los demás, generando sentimientos de superioridad o inferioridad que desembocan en culpa, juicio y vergüenza.
- El apego y la aversión perpetúan el ciclo de sufrimiento. El ego nos lleva a aferrarnos a lo que refuerza nuestra identidad y a rechazar todo lo que la desafía, generando culpa y resistencia a nuestras propias sombras.
- El ego nos hace creer que estamos separados de los demás y del mundo. Comprender la interconexión de todo nos libera de la culpa, nos conecta con nuestra humanidad compartida y nos permite experimentar una mayor empatía y compasión.
- Aceptar que somos humanos y no perfectos ayuda a romper el ciclo de culpa y autocrítica. Los errores se convierten en oportunidades de aprendizaje y crecimiento.
- El ego se aferra al control absoluto como medio para protegerse. Soltar el control, aceptar la incertidumbre y actuar desde la compasión nos permite experimentar una paz más profunda.
- La observación consciente del ego, sin lucha ni rechazo, ayuda a desactivarlo y a soltar las cargas emocionales que lo alimentan, liberándonos del ciclo de culpa y sufrimiento.

- El perdón es la clave para liberarse del ego. Perdonarse a uno mismo con compasión disuelve la culpa y desarma al ego, creando un espacio de aceptación y crecimiento personal.
- Al entender que no estamos aislados y que todo está interconectado, nos liberamos de la necesidad de cargar con la culpa y la autocrítica, desarrollando una visión más compasiva de nosotros mismos y de los demás.
- La culpa es la estrategia del ego para evitar enfrentar la verdad de que no todo depende de nosotros. Soltarla es un acto de liberación y de aceptación de nuestra propia humanidad.

9. LA MAGIA DEL PERDÓN Y DE LA COMPASIÓN

«Nada va mal cuando sentimos dolor;
el dolor es parte del camino hacia la sabiduría».

—Pema Chödrön

Cuenta una leyenda que un joven discípulo llamado Daiki vivía en un monasterio zen en lo alto de una colina, donde había pasado años intentando alcanzar la paz interior. Sin embargo, a pesar de sus esfuerzos, no podía dejar de juzgarse por sus errores.

Un día, decidido a entender lo que le faltaba, fue a ver a su maestro, el anciano y sabio Kenji, que estaba sentado en el jardín, observando con atención las flores.

—Maestro, no puedo encontrar paz —dijo Daiki—. Intento meditar, seguir las enseñanzas, pero siempre estoy atrapado en mis fracasos. No sé cómo perdonarme.

El maestro Kenji lo miró en silencio por un momento, luego sonrió suavemente y se levantó. Sin decir nada, comenzó a caminar hacia un pequeño estanque en el jardín. Daiki lo siguió, intrigado.

Cuando llegaron al borde del estanque, Kenji se arrodilló y señaló la superficie del agua, donde las nubes del cielo se reflejaban con claridad.

—Mira —dijo el maestro, mientras movía con suavidad la mano sobre el agua, creando ondas que distorsionaban el reflejo—. ¿Qué ves?

—El agua ya no refleja nada claro, solo distorsiones —respondió Daiki, confundido.

Kenji sonrió y esperó en silencio mientras las ondas lentamente se desvanecían y el agua volvía a la calma. Pronto, las nubes volvieron a aparecer, perfectamente reflejadas en la superficie.

—Ahora, ¿qué ves? —preguntó Kenji.

—Veo las nubes otra vez, sin distorsiones.

El maestro se volvió hacia Daiki y lo miró directamente a los ojos, pero sin hablar, simplemente dejando que el silencio hiciera su trabajo. Daiki lo observó en silencio, aún sin comprender del todo lo que el maestro intentaba enseñarle. Pero entonces, algo comenzó a resonar en su interior. Entendió que el agua, cuando está perturbada, distorsiona lo que refleja, pero cuando se calma, vuelve a mostrar las cosas tal como son, sin esfuerzo, sin necesidad de cambiar nada.

Sin que el maestro dijera una palabra más, Daiki se dio cuenta de que el problema no eran sus errores ni sus fallos. Era la agitación constante de su mente la que le impedía ver con claridad. Cuando esa agitación se calmaba, lo que quedaba era simple: lo que veía en el agua, en el mundo, no era ni perfecto ni imperfecto, simplemente era. Y eso lo incluía a él mismo.

Con una leve inclinación, el maestro Kenji se levantó y, sin decir nada, comenzó a caminar de vuelta al jardín. Daiki se quedó en el borde del estanque un poco más, mirando el reflejo en el agua, sintiendo cómo, al igual que las ondas desaparecían, también lo hacía el juicio implacable que tenía hacia sí mismo.

Esta historia nos muestra que la mayor batalla que libramos no es contra nuestros errores, sino contra el juicio constante que emitimos sobre ellos. Cuando la mente está perturbada, como el agua agitada del estanque, nuestra percepción de nosotros mismos y del mundo se distorsiona. Vemos nuestros fallos magnificados, nuestros logros minimizados, y la paz interior se vuelve inalcanzable. Sin embargo, cuando aprendemos a calmar esas aguas internas —cuando dejamos de resistirnos a nuestras imperfecciones y las abrazamos con compasión—, nuestra visión se aclara.

La autocompasión es ni más ni menos que la capacidad de tratarnos a nosotros mismos con amabilidad, comprensión y apoyo, especialmente en momentos de sufrimiento o fracaso. En lugar de criticarnos severamente por nuestros errores o debilidades, la autocompasión implica reconocer que todos somos humanos, que todos cometemos errores y que el sufrimiento es una parte normal de la experiencia humana.

Está demostrado que cuando practicamos la autocompasión, reducimos los niveles de ansiedad y depresión. A lo largo de la vida, cargamos con una sensación de insuficiencia que nos persigue, y esto genera un ciclo de autocrítica constante. Cuando caemos en esta trampa, la culpa y el resentimiento empiezan a dominar nuestros pensamientos. Y lo más curioso es que estas emociones no solo afectan cómo nos sentimos, sino que también crean la realidad en la que vivimos. Como si el mundo nos devolviera más de lo que llevamos dentro.

Este círculo vicioso funciona como una especie de ley de causa y efecto (karma) donde lo que creemos de nosotros mismos se refleja en nuestras experiencias diarias. Te pongo un ejemplo muy sencillo: si yo creo de mí que soy una persona antipática, me invitan a un evento social y hay alguien que no me mira, automáticamente puedo pensar que es debido a mi antipatía. Es como un pez que se muerde la cola. Todo ese sentimiento de insuficiencia, sumado al juicio negativo que hacemos de nosotros mismos, nos va generando mucha ira y, sin darnos cuenta, atraemos más de lo mismo: personas, situaciones y emociones que nos alimentan ese malestar, ya que inconscientemente lo escogemos.

Al cabo del día, nuestra cabeza está llena de miles de pensamientos, y lo curioso es que la mayoría de ellos son negativos. Pero antes de culparte por esto (¡una culpa menos!) es importante entender que nuestro cerebro está diseñado para funcionar de esa manera. Esto tiene sus raíces en la supervivencia. Imagina estar en la selva y encontrarte cara a cara con un león. En ese momento, centrarte en lo positivo no te salvaría, pero el miedo sí lo haría, porque es ese mecanismo el que activa la respuesta de lucha o huida. Sin embargo, en nuestra vida cotidiana, este mecanismo puede volverse en nuestra contra. Nuestro cerebro sigue captando antes lo negativo, porque, en el fondo, su objetivo es salvarnos de cualquier posible amenaza.

Recuerdo que, durante años, al mirarme al espejo, en lugar de agradecer por todo lo que mi cuerpo hacía por mí, me centraba en mis defectos. Fijaba mi atención en lo que no me gustaba, en lo que consideraba que «debía» mejorar. Es una experiencia común: enfocarnos en lo que creemos que está «mal» y perder de vista todo lo bueno.

El perdón no cambia el pasado, pero ilumina el camino hacia un futuro sin las sombras de la culpa.

El problema aparece cuando este mecanismo se vuelve en contra de nosotros en la vida moderna. Hoy en día, no estamos huyendo de leones, pero nuestro cerebro sigue priorizando lo negativo como si lo estuviéramos. Es ahí cuando empezamos a ver el lado oscuro de esta función. Los pensamientos negativos se acumulan, se repiten y, si no les ponemos freno, pueden llevarnos a la ansiedad (ese miedo constante hacia el futuro) o la depresión (una carga que nos ancla en el pasado).

Pero ¡ojo! No te castigues por ello. Agradece a tu cerebro por querer mantenerte a salvo. Lo único que necesitas ahora es, en primer lugar, ser consciente de esto y después, enseñarle a gestionar estas emociones de una forma más saludable.

LIMPIA TU CASA MENTAL

La culpa nos arrastra a una dinámica repetitiva: o bien nos culpamos a nosotros mismos o culpamos a otros. De cualquier manera, este sentimiento crea una barrera que siempre nos aísla, nos separa de los demás y de nuestro bienestar. Nos hace sentir que somos juzgados o que otros son responsables de nuestro sufrimiento. Y ahí, el ciclo continúa. Para romperlo, necesitamos algo esencial: el perdón, esa llave que alivia el peso de los juicios y nos libera del castigo constante.

Pero ¿a quién dedicamos más energía cuando hablamos de perdonar? Solemos volcarla hacia los demás y eso es maravilloso, porque nos esforzamos en reparar las relaciones externas y sanar esas heridas. Sin embargo, olvidamos lo más importante: no podemos ofrecer un perdón genuino si primero no aprendemos a perdonarnos a nosotros mismos.

Tómate un respiro. Haz una pausa y pregúntate: «¿Cuántas veces me critico o me juzgo a lo largo del día?», «¿Cuántas veces siento que no soy lo suficientemente bueno, que he fallado a otros o, lo más doloroso, a mí mismo?».

No podemos ofrecer un perdón verdadero si no hacemos primero las paces con el caos que llevamos dentro. Es como intentar limpiar una habitación desordenada sin revisar lo que hay en el interior de esas viejas cajas apiladas. Para perdonar de verdad, primero tendrás que abrir esos «baúles», observar lo que contienen y ordenar tu espacio interior con ternura. Puede que incluso tengas que dejar ir lo que ya no te sirve, para que el perdón tenga un lugar al que llegar. Solo entonces sentirás la verdadera liberación que trae consigo.

Es un principio simple pero profundo: no podemos amar genuinamente a los demás si no aprendemos a amarnos a nosotros mismos. Lo mismo ocurre con el perdón. Si no hemos hecho las paces con nuestros propios fallos, con las heridas y las culpas que arrastramos, el perdón que ofrecemos no será completo.

SOMOS HUMANOS, NO PERFECTOS

Cierra los ojos por un instante y busca en lo más profundo de tu memoria y de tu corazón. Intenta recordar un momento en tu vida en el que sentiste un amor tan puro, que te envolvía completamente, sin pedir nada a cambio. Tal vez fue la caricia de tu madre, el abrazo cálido de tu padre, de un abuelo o de un ser querido. Puede que fuera durante un atardecer perfecto, en el que todo parecía estar bien, o simplemente la mirada sincera de alguien que te quería tal como eras. ¿Lo sientes? Ese amor te hace sentir completo, seguro, sin necesidad de ser alguien diferente, sin tener nada más en cuenta que ese amor incondicional por ser quién eres.

Ese amor que sientes, esa seguridad, esa aceptación, es exactamente lo que significa la autocompasión. Un amor sin condiciones que está ahí, dispuesto a abrazarte, a pesar de tus tropiezos, fallos, errores. Es el tipo de amor que tal vez brindas a las personas que más quieres, pero que ahora debes aprender a dirigir hacia ti mismo. La autocompasión no implica indulgencia, sino ofrecerte a ti el mismo nivel de comprensión y cariño que ofreces a los demás cuando fallan o atraviesan momentos difíciles.

La autocompasión es clave para liberarnos de la culpa y sanar emocionalmente. La culpa enreda nuestra mente en pensamientos autocríticos, haciéndonos sentir inadecuados. Sin embargo, al abrazar nuestra humanidad con toda su complejidad, reconociendo nuestros errores, caídas y momentos oscuros, podemos empezar a sanarnos.

Vivimos en una sociedad que constantemente nos exige más de lo que podemos dar, haciéndonos creer que la felicidad depende de cumplir con ciertos estándares externos. Pero en esa carrera por la perfección, olvidamos nuestra larga lista de cosas buenas y pasamos por alto que tenemos derecho a equivocarnos, a tener días grises, a sentirnos mal. Somos seres imperfectos, en constante aprendizaje. Y lo que muchas veces olvidamos es que esos momentos difíciles también son parte del proceso de crecimiento. No son reflejos de nuestra insuficiencia, sino recordatorios de nuestra humanidad. Como decía Thomas

Edison: «No he fracasado. He encontrado diez mil maneras que no funcionan». Pues eso. Incluso en nuestros momentos más oscuros, somos dignos de amor y comprensión.

EL ANTÍDOTO AL VENENO DE LA CULPA

Es verdad que la compasión nos ofrece una forma poderosa de lidiar con las emociones negativas. Sin embargo, esto no significa que no vayamos a sentirlas, ni mucho menos. Lo que sí podemos hacer es reducir su frecuencia y duración. Como le ocurrió al protagonista de la fábula, Daiki, cuando nuestra mente está agitada, nuestra percepción se distorsiona. Esto es muy poderoso, porque si aprendemos a notar cómo nuestra mente altera la realidad podemos empezar a cuestionar lo que nos «cuenta» y si eso que percibimos es realmente cierto.

El objetivo no es ignorar las emociones, sino aprender a calmar nuestras aguas internas para ver con claridad. Esto significa desidentificarnos de la emoción, reconociendo que no somos ellas y que, si no nos dejamos arrastrar por su intensidad, podemos tomar distancia y manejarlas de manera más consciente. De lo contrario, caemos en un ciclo repetitivo y automático que puede parecer ineludible:

Situación o memoria → Sensación → Reacción → Comportamiento

Te explicaré cada una de ellas con más detenimiento para que comprendas cómo funciona esta sucesión de emociones y acciones:

1. **Situación o memoria:** un evento actual o pasado, un recuerdo, un estímulo activa nuestras emociones basadas en la experiencia que tuvimos.
2. **Sensación:** este es el primer efecto en el cuerpo. La situación desencadena una respuesta emocional que se manifiesta en sensaciones físicas, como la tensión, el dolor de estómago o la aceleración del pulso.

3. **Reacción:** la mente en acción. Comenzamos a reaccionar con pensamientos automáticos y juicios que suelen reforzar patrones emocionales preestablecidos, muchas veces sin darnos cuenta.
4. **Comportamiento:** finalmente, esto se traduce en una respuesta física o verbal. Podemos gritar, llorar, alejarnos o incluso quedarnos paralizados. Este comportamiento es una manifestación visible de lo que está ocurriendo por dentro, y si no se controla, puede perpetuar el ciclo emocional.

Darnos cuenta de la dinámica de nuestra mente es esencial para interrumpir este ciclo en algún punto, permitiéndonos responder de manera más consciente en lugar de reaccionar automáticamente. Si prestamos atención a nuestro cuerpo y nuestras emociones, sin juzgarlas, podemos evitar que esos comportamientos impulsivos se adueñen de nosotros y, en su lugar, abrir espacio para responder de forma más equilibrada y con mayor claridad.

Te pongo un ejemplo: imagina que estás en una reunión de trabajo y tu jefe te habla en un tono severo, muy parecido al que tu padre o tu madre usaban cuando eras un niño o una niña, lo que te hacía sentir inadecuado y culpable. Si prestas atención al cuerpo, podrías notar cómo reacciona: tu estómago se tensa y tus manos comienzan a temblar ligeramente. Esta es la sensación que tu memoria ha activado, recordándote el tono crítico de algún progenitor.

Nuestras emociones no solo son respuestas a lo que ocurre en el presente; muchas veces, son ecos de un pasado no sanado.

Antes de que la emoción tome el control y reaccione de manera automática, podrías cortar el ciclo prestando atención a tu cuerpo. Podrías notar la tensión en el estómago y el temblor en tus manos. En lugar de lanzarte a la defensiva o sentirte inmediatamente culpable, podrías tomar una respiración profunda y enfocar tu atención en esas sensaciones físicas para disolverlas. De esta forma evitas que tu mente empiece a juzgar la situación y se quede atrapada en el mismo ciclo de antes.

Esto es solo un ejemplo, pero permítete aplicarlo cuando lo necesites. Si notas que te estás enganchando en un recuerdo o una situación que te provoca malestar, respira, observa tu cuerpo y deja que esa sensación se diluya antes de actuar o de juzgarte a ti mismo.

Eres capaz.

El primer paso para romper este ciclo es ser conscientes de nuestras sensaciones corporales, ya que es ahí donde las emociones suelen manifestarse primero. Por ejemplo, la ira puede sentirse como una presión en la mandíbula o el estómago; la tristeza, como un peso en el pecho, y el miedo, como una opresión en la garganta. Cada persona experimenta estas sensaciones de manera única, pero prestar atención a cómo se sienten en el cuerpo es clave.

Cuando logramos localizar las emociones en el cuerpo, le damos un freno a la mente. En lugar de alimentar pensamientos repetitivos como «¿Por qué no me dijo nada?», «¿Qué se cree?» o «¿Por qué hice o no hice tal cosa?», nos centramos en esa sensación corporal, y eso nos permite calmarnos antes de que el bucle mental se active.

Ahí reside la clave: notar la sensación y no quedar atrapados en el ciclo de pensamientos. De lo contrario, entramos en la rueda del sufrimiento.

SUFRIMIENTO= DOLOR X RESISTENCIA

Dice Kristin Neff en su libro *Sé amable contigo mismo* que el sufrimiento tiene una fórmula propia: es igual al dolor multiplicado por la resistencia. Esto significa que, cuando tratamos de suprimir o rechazar nuestros pensamientos y emociones negativas, en lugar de desaparecer, tienden a intensificarse. Un claro ejemplo de este fenómeno es el famoso experimento del oso blanco, basado en una observación del escritor Fiódor Dostoievski.

Dostoievski decía que, si te piden que no pienses en un oso blanco, automáticamente aparecerá en tu mente. Esto fue formalizado como un experimento psicológico en los años 80 por el investigador Daniel Wegner. Wegner pidió a los participantes que evitaran pensar en un oso blanco durante cinco minutos, y cada vez que lo hicieran, debían anotarlo. Lo que descubrió fue que, cuanto más trataban de evitar ese pensamiento, más lo pensaban. Este fenómeno, conocido como «efecto rebote», demuestra que la represión activa de un pensamiento lo hace más persistente.

Lo que resistes, persiste. La aceptación y la compasión son el bálsamo que disuelve el dolor y el sufrimiento.

Este principio aplica perfectamente a nuestras emociones. Tratar de reprimir o evitar el sufrimiento lo hace más fuerte, mientras que la autocompasión nos invita a aceptar nuestras emociones difíciles sin resistirlas. Al aceptar que es natural sentir emociones negativas, nos permitimos procesarlas con más fluidez y sin aumentar nuestro malestar. En lugar de pelear con ellas, la clave está en reconocerlas, permitirles estar y tratarnos con amabilidad mientras las transitamos.

La paz interior no se alcanza negando el dolor, sino abrazándolo con la ternura de quien entiende que incluso las espinas protegen a las flores.

Se dice que las personas con mayor índice de autocompasión son capaces de sentir las emociones difíciles y reconocer que son válidas e importantes; y eso sucede porque, en el fondo, no se identifican con ellas y saben que se van a tratar bien por encima de todo. Sería como estar observándote desde afuera en todo momento. Como cuando estás pendiente de ser amable con quienes quieres. De esta manera, podrás ser capaz de generar sentimientos positivos, sin tener que eliminar lo negativo, porque recuerda que nada existe sin su opuesto, por lo tanto, de poco sirve luchar contra ello.

Neff sugiere un enfoque práctico para estos momentos difíciles, que quizás te pueda ser útil. Cuando percibe que algo va mal o que no le gusta de sí misma, recurre a un diálogo interno compasivo, repitiendo estas frases:

- **«Este es un momento de sufrimiento».**
  Reconoce que estás experimentando una situación difícil.
- **«El sufrimiento forma parte de la vida».**
  Te recuerda que todos los seres humanos pasamos por momentos dolorosos y que no estás solo en esta experiencia.
- **«Pido ser amable conmigo misma en este momento».**
  Invita a que surja la amabilidad hacia ti y a suavizar la autocrítica.
- **«Pido darme la compasión que necesito».**
  Ofrece el tipo de apoyo y comprensión que le darías a un ser querido en la misma situación.

Este proceso simple nos recuerda que la imperfección es inherente a la condición humana. Todos fallamos, nos sentimos mal y caemos en la insatisfacción en algún momento. Pero a través de la autocompasión, podemos navegar estos momentos con mayor suavidad, liberándonos de la dureza del juicio y de la culpa.

Como dijo la investigadora Brené Brown: «Perdonarse a uno mismo es dejar ir la idea de que podrías haberlo hecho mejor, porque en ese momento hiciste lo mejor que pudiste». Esto nos muestra que, al mirar nuestras acciones pasadas desde una perspectiva más amplia, entendemos que somos humanos, que cometemos errores y que esos errores forman parte de nuestro aprendizaje.

Como ya hemos visto, todo en este mundo está en constante cambio, incluyéndonos a nosotros, nuestras emociones y las personas que nos rodean. Nada permanece estático, ni el sufrimiento ni las heridas. Al comprender esto, podemos soltar el dolor del pasado.

Heráclito dijo: «No se puede entrar dos veces en el mismo río». El agua fluye constantemente, y lo mismo sucede con nuestras vidas y con quienes nos rodean. La persona que cometió un error hace años ya no es la misma que está aquí hoy, y tú tampoco lo eres.

Esto me recuerda a un pequeño relato. Se cuenta que Buda tenía un primo llamado Devadatta, quien siempre estuvo celoso de él y que buscaba desacreditarlo de cualquier manera. Un día, Devadatta lanzó una gran roca con la intención de acabar con la vida del maestro. Sin embargo, la roca cayó a un lado, sin tocarle. A pesar de lo sucedido, Buda no mostró ningún tipo de enfado ni resentimiento, así que se cuenta que días después, se cruzó con su primo Devadatta y lo saludó con total amabilidad como de costumbre. Sorprendido, Devadatta le preguntó por qué no estaba enfadado con él, a lo que Buda respondió: «Porque ni tú eres ya el que arrojó la roca, ni yo soy ya el que estaba allí cuando fue arrojada».

El cambio es constante, y entender eso desde lo más profundo de nuestro ser, nos libera.

PERDONARTE: EL ARTE DE RECONCILIARTE CONTIGO CONPASIÓN

Sea lo que sea que cargas, date el permiso para soltarlo. Puede ser una decisión que tomaste, un error del pasado o esa sensación persistente de no ser suficiente. Tal vez sientas que has fallado a otros o, lo peor de todo, que te has fallado a ti mismo. La culpa, en todas sus formas, nos aprieta el pecho y nos hace creer que somos menos de lo que realmente somos. Pero lo cierto es que la culpa no es más que una emoción; no es lo que te define, no es algo sólido. Y la autocompasión es el primer paso para liberarte de esa presión constante.

Cuando te permites perdonarte, dejas de luchar contra ti mismo. El perdón surge del agotamiento de mantener esa batalla interna, de cargar con el peso de no sentirte suficiente. Porque la vida, tal vez, no es como la imaginabas, pero seguir castigándote no va a cambiarla. El dolor y la culpa son maestros. Nos muestran con claridad los aspectos de nosotros mismos que necesitan atención y sanación. Como decía el maestro espiritual Rumi: «La herida es el lugar por donde entra la luz».

Perdonarte no significa que justifiques lo que pasó, sino que te liberes de la carga. No es importante quién tenía la razón o si podrías haber hecho algo diferente. Porque seguramente no es así. Ya hemos visto que la vida transcurre en muchas variables, no solo en las que nosotros nos estamos enfocando. Lo que importa es que te des permiso para dejar de lado el resentimiento hacia ti mismo y soltar esa sensación de insuficiencia que te ha mantenido atado. El perdón es una experiencia transformadora, una manera de mirarte con los mismos ojos amables con los que mirarías a alguien que amas. Al hacerlo, comienzas a sanar esa relación interna, abres la puerta a una paz más profunda y a una verdadera aceptación.

Pero el perdón no termina contigo. Cuando te perdonas, también aprendes a perdonar a los demás. No porque ellos siempre tengan razón, ni porque justifiques lo que hicieron, sino porque entiendes que llevar la carga del rencor no te deja avanzar. La ira no castiga a la persona que te hizo daño; te castiga a ti. Al liberarte de esa energía negativa, puedes abrirte a una vida más ligera y plena. El perdón te libera de las expectativas que otros tienen sobre ti y de las tuyas propias, de lo que crees que deberías ser.

La autocompasión es el camino que nos ayuda a perdonarnos y, al mismo tiempo, perdonar a los demás. Cuando te tratas con amabilidad y reconoces tu propia humanidad, encuentras el valor para ver que esos errores o fracasos que tanto te atormentan no son barreras, sino oportunidades para aprender y crecer. El perdón y la compasión se alimentan mutuamente, creando un ciclo de sanación.

La compasión no es solo un sentimiento; es una herramienta poderosa que puede transformar tu vida. Cuando te liberas del resentimiento y del juicio, empiezas a ver a los demás como almas que, al igual que tú, están buscando alivio a su propio dolor. Cambias tu forma de ver el mundo, y en ese proceso, cambias el mundo que te rodea. Este es el poder de la compasión: disolver la ira, romper las cadenas del ego y abrazar una vida llena de amor y comprensión.

Mientras escribo esto, pienso en la metáfora del iceberg. Lo que vemos de nosotros y de los demás —nuestras fallas, errores y las veces que no nos sentimos suficientes— es solo una pequeña parte de lo que realmente somos. En lo profundo, bajo esa superficie, hay un vasto océano de humanidad compartida. Perdonarte a ti mismo es como bucear bajo esa superficie, es reconocer que esos errores no definen quién eres en tu totalidad. Al aceptar tus imperfecciones, te liberas del peso de la culpa y permites que la compasión te guíe hacia la paz.

Y cuando alcanzas esa paz contigo mismo, es mucho más fácil extenderla hacia los demás. Así, el perdón se convierte en una puerta abierta hacia relaciones más auténticas, hacia una vida más libre, donde la compasión es la base que te sostiene.

Perdónate, porque lo mereces.

Lecciones de vida

Irene Villa, víctima de un atentado de ETA en 1991 cuando solo tenía doce años, perdió ambas piernas y tres dedos de una mano. En lugar de quedar atrapada en el odio y la ira, Irene tomó la decisión consciente de perdonar a quienes le hicieron daño. «El odio solo destruye a quien lo siente», ha dicho en numerosas ocasiones. No solo eligió perdonar, sino que utilizó su experiencia para inspirar a otros. Irene se ha convertido en una voz prominente a favor de la paz, el diálogo y la no violencia en España. Desde su recuperación, ha escrito libros como *Saber que se puede* y *Nunca es demasiado tarde, princesa*, donde comparte su proceso de superación, e imparte charlas motivacionales, especialmente a jóvenes y personas con discapacidades, demostrando que el perdón y la resiliencia pueden cambiar vidas.

Malala Yousafzai, quien sobrevivió a un ataque talibán en 2012, es otro símbolo del perdón y la lucha por un bien mayor. Malala sufrió un disparo en la cabeza por defender el derecho de las niñas a la educación en su natal Pakistán. En lugar de sucumbir al miedo o al odio hacia quienes intentaron silenciarla, Malala optó por el perdón y la compasión. En su discurso ante las Naciones Unidas, declaró que no tenía odio en su corazón, sino que seguiría luchando pacíficamente por los derechos de las niñas. Desde entonces, ha dedicado su vida a promover la educación y la igualdad de género a nivel mundial. Fundó Malala Fund, una organización que trabaja para asegurar que las niñas de todo el mundo puedan acceder a una educación segura y de calidad. En 2014, fue galardonada con el Premio Nobel de la Paz, convirtiéndose en la persona más joven en recibirlo.

Ejercita tu autocompasión y perdón

Para este ejercicio necesitarás estar en un lugar tranquilo, tomar una libreta, un bolígrafo y un espejo.

1. Identifica el origen de la culpa:
Respira profundamente y cierra los ojos. Ahora, reflexiona sobre un área de tu vida donde sientas culpa. Puede ser algo que hiciste o no hiciste, o incluso la sensación constante de no ser suficiente. Escribe en tu libreta: ¿de dónde crees que proviene esta culpa? ¿Qué creencias la están sosteniendo? Pregúntate: ¿para qué me está sirviendo esta creencia? ¿Qué me impide soltarla?

2. Acepta tu vulnerabilidad y humanidad:
Ahora, toma el espejo entre tus manos, mírate a los ojos y pronuncia en voz alta: «Tengo derecho a equivocarme. No soy perfecto/a, pero estoy en constante aprendizaje. Mis errores no me definen, solo me muestran nuevas maneras de crecer». Luego, escribe en tu diario un

error reciente y reflexiona sobre lo que has aprendido de esa experiencia.

3. Exprésate abiertamente:
Escribe o habla con alguien de confianza. Expresa aquello que llevas dentro y que te hace sentir culpable o insuficiente. Si lo escribes, no te juzgues por lo que pongas en el papel, simplemente deja fluir tus pensamientos. Al final, lee lo que has escrito y observa si puedes ver tus pensamientos desde una perspectiva más compasiva.

4. Acepta lo que no puedes cambiar:
Escribe sobre algo que te pesa del pasado, algo que no puedes cambiar. Luego, reflexiona: ¿puedo hacer algo para reparar el daño que causé? Si es posible, haz una pequeña acción de reparación, pero hazla con el propósito de sanar tu herida, sin esperar la reacción de los demás. Si no puedes cambiar la situación, escribe una carta de perdón a ti mismo, reconociendo que hiciste lo mejor que pudiste en ese momento.

Meditación para el amor bondadoso

Aquí te dejo un ejercicio de meditación para cultivar la bondad amorosa, la técnica de meditación Metta Bhavana, diseñada para potenciar el amor incondicional hacia ti mismo y hacia los demás. No te preocupes si al principio te resulta difícil sentir esta bondad, especialmente hacia personas con quienes tienes dificultades. Con la práctica, estos sentimientos se vuelven más naturales.

Haz esta meditación diariamente, aunque sea solo durante unos minutos, para entrenar tu mente en el amor incondicional.

1. **Prepárate:** encuentra un lugar tranquilo, siéntate en una posición cómoda, con la espalda recta, pero relajada. Apoya tus manos

sobre las rodillas. Cierra los ojos y lleva tu atención a tu respiración. Respira profunda y suavemente, dejando que tu cuerpo y mente se calmen.

2. **Cultiva la bondad hacia ti mismo:** comienza dirigiendo bondad y amor hacia ti mismo. Repite mentalmente las siguientes frases, o palabras similares que resuenen contigo:
   - Que esté bien.
   - Que esté feliz.
   - Que esté sano/a.
   - Que viva con paz.

   Mientras repites estas frases, intenta sentir la calidez de la bondad amorosa fluyendo hacia ti. Imagina esta bondad como una luz suave y cálida que te envuelve, abrazándote con amabilidad y amor.

3. **Dirige la bondad hacia un ser querido:** una vez que te sientas lleno de bondad hacia ti mismo, piensa en alguien a quien amas profundamente. Visualiza a esa persona frente a ti y repite mentalmente las mismas frases:
   - Que estés bien.
   - Que estés feliz.
   - Que estés sano/a.
   - Que vivas con paz.

   Deja que esta energía fluya de tu corazón hacia ellos, envolviéndolos en la misma luz cálida y reconfortante que sentiste antes.

4. **Extiende la bondad hacia una persona neutra:** ahora, piensa en alguien con quien no tienes una relación cercana, pero que ves a menudo. Puede ser un vecino, un colega o alguien de una tienda. Visualiza a esta persona y repite las mismas frases, con el mismo deseo sincero de bienestar para ellos.

5. **Dirige la bondad hacia alguien con quien tengas dificultades:** este paso es el más desafiante, pero también el más transformador. Piensa en alguien con quien hayas tenido un conflicto o dificultades. Visualiza a esta persona y, aunque sea difícil al principio, repite las mismas frases:
   - Que estés bien.
   - Que estés feliz.
   - Que estés sano/a.
   - Que vivas con paz.

   Trata de mantener el corazón abierto, recordando que esta persona también busca la felicidad, igual que tú.

6. **Extiende la bondad hacia todos los seres:** finalmente, expande tu campo de bondad hacia todos los seres vivos. Imagina la luz cálida de la bondad amorosa extendiéndose desde ti hacia todos los rincones del mundo. Repite mentalmente:
   - Que todos los seres estén bien.
   - Que todos los seres sean felices.
   - Que todos los seres estén sanos.
   - Que todos los seres vivan con paz.

7. **Cierra la meditación:** lleva tu atención de vuelta a tu respiración. Siéntete agradecido por este momento de bondad y amor que has compartido contigo mismo y con los demás. Poco a poco, abre los ojos y toma unos instantes para asimilar la calma y el bienestar que has cultivado.

Puntos de luz: ¿qué hemos aprendido?

- El juicio hacia uno mismo distorsiona la percepción y genera sufrimiento. Calmar la mente es esencial para vernos a nosotros mismos y las situaciones con mayor claridad y compasión.
- La autocompasión es la capacidad de tratarnos con amabilidad, comprensión y apoyo en momentos de sufrimiento o fracaso. Practicarla reduce la ansiedad y la autocrítica.
- El perdón no comienza con los demás, sino con uno mismo. Si no hacemos las paces con nuestras propias imperfecciones, el perdón que ofrecemos no es completo ni auténtico.
- Aceptar que somos humanos y que todos cometemos errores disuelve la culpa y abre la puerta a una paz interior más profunda y duradera.
- El sufrimiento se intensifica cuando resistimos el dolor emocional. Aceptar el dolor sin juzgarlo nos permite procesarlo con más fluidez y sin crear más sufrimiento.
- Identificarse con los propios errores genera sufrimiento. Reconocer las lecciones detrás de cada fallo nos permite transformarnos y crecer.
- Prestar atención a cómo las emociones se manifiestan en nuestro cuerpo nos permite responder de manera consciente, en lugar de reaccionar impulsivamente.
- El perdón no justifica lo ocurrido, pero nos libera de la prisión del resentimiento y del juicio, abriendo espacio para la sanación y el bienestar.
- Aceptar lo que no podemos cambiar nos libera de la culpa y del rencor, y nos ayuda a enfocarnos en aquello que sí podemos transformar.
- El cambio es constante. Comprender que ni nosotros ni los demás somos los mismos de ayer nos permite soltar el pasado y vivir el presente con mayor aceptación.

- El verdadero poder del perdón y la compasión radica en transformar la relación con uno mismo y con los demás. Al reconciliarnos con nuestras sombras, disolvemos la ira y el rencor, creando una vida más libre y llena de amor.
- La autocompasión es una herramienta poderosa para liberar la mente del ciclo de pensamientos autodestructivos y cultivar una visión más amorosa y comprensiva de nuestro propio ser.
- El perdón hacia uno mismo y hacia los demás no cambia el pasado, pero ilumina el futuro. A medida que soltamos el resentimiento, nos abrimos a una vida más ligera y auténtica.
- El dolor y la culpa son maestros. Nos muestran las áreas de nuestra vida que necesitan atención y sanación. Al abrazar nuestra humanidad, comenzamos a ver nuestros errores como oportunidades para crecer y conectar con nuestra verdadera esencia.
- Cada día es una nueva oportunidad para renovarse. Al entender que la vida está en constante cambio, aprendemos a dejar atrás el pasado y a vivir el presente con más aceptación y compasión.

10. AQUÍ Y AHORA, LIBRE DE CULPAS

«Tu verdadera vida está aquí y ahora.
No dejes que la ilusión del pasado y el futuro te roben el presente».

—Alan Watts

Recuerdo la escena de una película que me marcó profundamente, aunque no logro recordar su nombre. Un policía conversaba con una mujer presa, que se aferraba a no reconocer sus errores. Él, un hombre que ya había atravesado «las tinieblas emocionales», le decía con serenidad: «Podrás quedar absuelta de lo que hiciste, porque no se puede demostrar, pero la culpa será tu peor juez. Te perseguirá, incansable, en cada momento de silencio, en cada rincón de tu mente, hasta el día en que enfrentes tu arrepentimiento».

El arrepentimiento es el primer paso hacia la libertad. Es una oportunidad de romper las cadenas de ese verdugo interno que nos mantiene atrapados en un ciclo de autocrítica y sufrimiento. Cuando reconocemos nuestras acciones con honestidad y sin juicios, abrimos un espacio para la transformación. No se trata de castigarnos por lo que hicimos ni de fustigarnos, sino de permitirnos ver cada error como una puerta hacia un mayor entendimiento de nosotros mismos.

Sé que no siempre es fácil. Algunas experiencias nos marcan profundamente y necesitan tiempo para sanar. Pero incluso en esos casos, cuando sentimos que la culpa no tiene solución, podemos buscar formas de honrar lo que pasó a través de nuestras acciones. A lo largo del libro has podido conocer ejemplos de personas que han hecho alquimia con su dolor y que hoy acompañan a otros a atravesar su propia oscuridad.

Siempre podemos transformar ese dolor en algo bueno, en algo que ilumine el camino de otras personas.

Te invito a practicar el arrepentimiento como un ritual, uno que se realice desde el corazón, y que pueda convertirse en un puente que conecta tu pasado con tu presente. A través de este puente, entendemos que la culpa no es un enemigo, sino un mensajero que nos señala algo que necesita atención y amor. De repente, el arrepentimiento deja de ser un proceso doloroso y se transforma en una conversación amable con uno mismo, un acto de conciencia que nos invita a aceptar lo que ocurrió y a sanar desde la compasión.

Desde este lugar, la aceptación surge con más naturalidad. No se trata de «olvidar» o «dejar pasar» lo que sucedió, sino de convertirlo en una oportunidad para ser más conscientes y libres. Imagina el arrepentimiento como un ritual de purificación: un momento en el que te sientas contigo mismo, respiras profundo y te permites soltar cada capa de culpa que ha cubierto tu esencia. Con cada respiración, dejas ir el peso de tus errores y te abres a verlos como una parte de tu historia que te impulsó a ser quien eres hoy.

El verdadero arrepentimiento es, entonces, una reconciliación amorosa contigo. Es decirte: «Cometí errores, pero no me definen. Estoy dispuesto a aprender de ellos y a perdonarme con ternura». A partir de ahí, te das la oportunidad de crecer, de actuar desde un lugar más consciente, y de no arrastrar la culpa como una sombra que empañe tu luz. Porque cuando te arrepientes de verdad, con el alma desnuda, dejas de ser prisionero para convertirte en el autor de tu propia transformación.

Ritual para liberarte

- **Escoge un lugar tranquilo donde nadie te interrumpa.** Siéntate cómodamente y cierra los ojos. Comienza enfocándote en tu respiración, inhalando profundamente por la nariz y exhalando lentamente por la boca. A medida que te centras en cada respiración, permite que tu cuerpo se relaje y tu mente se calme. Imagina que estás rodeado de una luz suave y cálida que te protege, llenando tu espacio de paz.

- **Invoca a lo divino y a todos los testigos que van a presenciar tu arrepentimiento.** Imagina que te encuentras en un espacio sagrado, como un teatro o una plaza, y frente a ti se presentan todas las personas a quienes has herido o con las que has tenido dificultades. Estos seres están aquí, no para juzgarte, sino para ser testigos de tu arrepentimiento.

- **Invoca también la presencia de seres divinos o guías espirituales que resuenen contigo.** Si eres cristiano, podrías invocar a Jesús o a la Virgen María, a los ángeles o a los santos; si eres budista, podrías visualizar a Buda, o simplemente a los elementos de la naturaleza o a la energía del universo. En cualquier caso, visualiza esa presencia como una energía que te rodea y te abraza.

- **Observa lo ocurrido desde una perspectiva externa.** Trae a tu mente una acción pasada de la que te arrepientas: algo que dijiste, hiciste o no hiciste, y que causó daño. Antes que nada, obsérvalo como si fueras un espectador. Imagina que estás mirando la escena desde lo alto, como si fueras un ave volando. Examina qué ocurrió sin juicio, simplemente toma nota de lo que dijiste, hiciste y cómo afectó a las personas involucradas. Sé un testigo neutral de lo que sucedió como si se tratara de un periodista, tratando de ver la situación con claridad. Esta fase te permite ganar perspectiva, separándote emocionalmente del suceso para verlo tal cual fue.

- **Revive la experiencia desde tu persona.** Ahora, regresa a ese momento y revive la experiencia en primera persona. ¿Cómo te sentías? ¿Qué emociones te invadieron? Tal vez te sentiste enfadado, frustrado o herido. Permítete revivir esas emociones, pero con la claridad de que ahora eres consciente de lo que ocurrió. Reconoce los factores internos y externos que influyeron en tu reacción. Acepta tu responsabilidad, pero entiende también que, en ese momento, estabas actuando bajo una combinación de circunstancias que a veces escapaban de tu control.

  Reconoce que, como cuando se desencadena una tormenta, contribuyeron muchos factores a ese estallido emocional. Algunos de esos factores eran internos, como tu ira o inseguridad, y otros eran externos, fuera de tu control: circunstancias, personas, etc. Reconocer esta mezcla de causas te ayudará a ver que lo sucedido no define tu ser, sino que fue una combinación de circunstancias que confluyeron en ese momento.

- **Reconoce el estado emocional y muestra tu desagrado hacia él.** Con plena conciencia de lo ocurrido, tómate un momento para ver con claridad el estado emocional que te dominaba. ¿Era la ira? ¿El miedo? ¿La frustración? Sea cual sea la emoción dominante, obsérvala desde la perspectiva de alguien que ahora entiende mejor lo que sucedió.

- **Reconoce que no quieres volver a asociarte a ese estado emocional.** No necesitas cargar con esa ira o miedo. Mira esa emoción con desapego, como si fuera algo fuera de ti. Siente una especie de rechazo natural hacia esa emoción destructiva, sabiendo que no es algo que te beneficie ni a ti ni a los demás.

- **Compromiso con el cambio.** Este es un momento crucial de este ritual meditativo. Comprométete profundamente a no repetir esa acción o comportamiento. Declara internamente, frente a tu guía espiritual y a las personas presentes en tu visualización, que tomarás medidas conscientes para evitar volver a ese estado emocional. No se trata solo de evitar hacer daño, sino de transformar tu conducta en algo positivo. Por ejemplo, si en el pasado reaccionaste con ira, podrías comprometerte a cultivar la paciencia y la amabilidad. Si actuaste de forma egoísta, puedes prometer ser más generoso y considerado.

- **Purifica y renace.** Ahora, visualiza que la luz que rodea a las entidades divinas y a las personas presentes fluye hacia ti, inundando todo tu ser. Esa luz penetra por cada rincón de tu cuerpo y tu mente, limpiando cualquier residuo de culpa, vergüenza o ira. Imagina que tu cuerpo se transforma en un cristal claro y brillante, completamente puro, libre de impurezas y manchas.

  Siente que has renacido, con una nueva oportunidad para actuar desde un lugar de amor y compasión. Has hecho todo lo que estaba en tu poder para sanar esa herida, y ahora estás libre para seguir adelante, con el compromiso de ser la mejor versión de ti mismo.

- **Repite la práctica si es necesario.** Si la experiencia fue especialmente dolorosa o el arrepentimiento es profundo, es posible que necesites repetir esta práctica varias veces. Sin embargo, cada vez que lo hagas, aborda la meditación como si fuera la primera y la última vez. Siente que cada repetición te acerca más a la sanación completa, y que cada paso que das es un avance hacia una mayor paz interior.

ACEPTA LO QUE ES

Ahora que ya hemos dejado las culpas atrás, te invito a **aceptar**. Me refiero a abrazar incondicionalmente el «aquí y ahora», sin juicios, sin expectativas. No es un acto de resignación, sino de profundo amor hacia nosotros mismos y hacia los demás. Es dejar ir la carga mental que proyecta la negatividad sobre todo lo que no podemos controlar, esa voz crítica que insiste en que siempre debemos tener la razón, tener el control o ganar. La aceptación no significa que renunciemos a nuestros sueños o que dejemos de fijarnos objetivos, sino soltar la resistencia que nos agota y nos separa de la paz interior.

El dolor que sentimos, las culpas que cargamos, las expectativas que proyectamos en los demás, todo eso nace de la resistencia a lo que es. Pero, aquí y ahora, tienes la oportunidad de soltarlo todo. La resistencia es solo una barrera mental que creamos, una lucha interna que alimentamos al querer que las cosas sean diferentes.

Cuando no aceptamos, nos encerramos en un caparazón que nos separa del mundo, nos volvemos rígidos y temerosos. Vemos amenazas en todos lados: en las personas, en la propia naturaleza e incluso en nosotros mismos. Hasta los más pequeños detalles de la vida diaria pueden parecer enemigos a los que hay que vencer. El ego siempre nos dice que debemos ser mejores, saber más, ganar siempre, y eso solo refuerza el aislamiento y el sufrimiento.

Además, esta resistencia, como ya vimos en otro capítulo, afecta nuestro cuerpo. Solo cuando aprendemos a aceptar de verdad, podemos empezar a disolver esas barreras mentales y físicas que nos atan.

La aceptación es el mayor regalo que puedes darte. Es un acto de liberación, un camino hacia la paz. Aquí y ahora, libre de culpas, tienes todo lo que necesitas para vivir plenamente.

ENCIENDE LA LUZ EN TU CONCIENCIA

La naturaleza nos enseña una lección simple pero poderosa: todo sucede sin resistencia, sin quejas, sin infelicidad. Cada árbol crece, cada río fluye, y cada ciclo natural se despliega en su momento sin ninguna lucha contra lo que *es*. En nuestra vida diaria, podemos aprender de esta simplicidad.

Eckhart Tolle, en *El poder del ahora*, utiliza una metáfora muy poderosa: compara la conciencia con una carretera envuelta en niebla, donde solo tenemos una linterna que ilumina un pequeño tramo a la vez. Esa linterna es nuestra atención plena. A medida que avanzamos, la niebla se va disipando, pero solo si permitimos que la luz de la atención ilumine la conciencia, podremos darnos cuenta de lo grande que es, de su magnificencia y, también, iluminaremos esas partes oscuras, que sin luz no podemos ver.

Cuando te enfrentes a la culpa, trata de encender esa linterna y pregúntate:

- ¿Qué estoy evitando al quedarme en este sentimiento?
- ¿Qué creencias están impulsando esta emoción?
- ¿Cómo está actuando mi ego?
- ¿Qué puedo hacer para transformar esta situación, mejorarla o simplemente dejarla ir?

Una vez que encuentres las respuestas desde este espacio de apertura y sinceridad, actúa, pero sin dejar de aceptar lo que *es*. Actuar desde la aceptación no significa que no podamos hacer nada; significa soltar la resistencia mental que nos mantiene atrapados. Es la clave para vivir el presente con una actitud más ligera y abierta.

El cambio interno ocurre cuando dejamos de resistirnos a lo que ya es.

Déjame contarte una experiencia que lo ilustra muy bien. Ayer, una amiga me llamó angustiada por una situación que estaba viviendo su hija en el colegio. Durante nuestra conversación, me dijo: «No quiero tener que hablar con los profesores, no quiero que esto esté pasando, no quiero que mi hija se sienta así». Es comprensible, ¿verdad? Todos hemos tenido esa sensación de impotencia, ese deseo de querer borrar una realidad que no nos gusta. Pero mientras nos resistimos a lo que es, lo que evitamos se convierte en un problema mayor. Mi amiga pasó días preocupada, dándole vueltas, intentando encontrar una manera de controlar la situación o cambiarla por completo, pero sin tomar ninguna decisión.

Cuanto más intentaba no pensar en el tema, más se aferraba al miedo de que la situación se agravara. Y ese miedo empezó a afectarla físicamente: no podía dormir, tenía el estómago revuelto y hasta le dolía la cabeza. Este es el efecto de la resistencia: prolonga el sufrimiento y nos estanca en una rueda interminable de preocupación. La realidad no cambió porque ella se resistiera; de hecho, la situación seguía siendo la misma, pero su angustia aumentaba cada día.

Finalmente, decidió hablar con los profesores y expresarles su preocupación, aunque todavía le daba vueltas a la idea de que «esto no debería estar pasando». Sin embargo, en el momento en que aceptó que eso era lo que estaba sucediendo, aunque no fuera lo que ella deseaba, se liberó de la ansiedad de querer controlar lo incontrolable. La conversación con los profesores fue mucho más fluida de lo que imaginaba, y la situación empezó a resolverse de manera más natural.

Este es un ejemplo sencillo de cómo al aceptar lo que es, sin añadir la carga mental de cómo debería ser, no solo encontramos una solución, sino también una forma de aliviar nuestro propio sufrimiento. La aceptación no cambia la situación externa, pero cambia la forma en la que nos relacionamos con ella. Y ese cambio interno transforma por completo nuestra experiencia del momento presente.

¿Cómo se hace esto en la práctica?

- **Reconoce la resistencia:** el primer paso es estar atento a cómo tu mente etiqueta las situaciones. Observar cómo surge la emoción, cómo crece la resistencia en tu interior. Todo eso es el reflejo de la no aceptación de lo que es. Fíjate en las señales: malestar, negatividad, infelicidad… Eso quiere decir que algo hay que atender.

- **Quítale el tiempo a la infelicidad:** la infelicidad y la culpa no tienen cabida cuando estás completamente presente. El malestar emocional crece cuando nos desconectamos del aquí y el ahora. Y para eso, hay técnicas que te contaré un poquito más adelante. Si tu mente está en el pasado o en el futuro, es cuando surgen los pensamientos negativos. Pero cuando te anclas en el presente, la mente se disuelve en él, y la infelicidad no puede encontrar un lugar donde crecer.

Tu conciencia es la luz que ilumina el camino, y cada paso que das en esa carretera es una oportunidad de vivir más libre, más conectado contigo mismo, sin culpa y con paz.

MÁS RESPONSABILIDAD Y MENOS CULPAS

Cada vez que sentimos el impulso de culpar a alguien —ya sea a los demás o a nosotros mismos— estamos eludiendo la responsabilidad. En lugar de asumir nuestra parte, proyectamos una energía de defensa, como si al señalar a otro o castigarnos a nosotros mismos, pudiéramos liberarnos del malestar. Esto genera una barrera invisible que nos separa de la paz interior, perpetuando el ciclo de sufrimiento.

Pero ¿y si cambiamos la perspectiva? En lugar de caer en el hábito de la culpa, podemos detenernos y observar. Sentir, sí, pero desde un lugar de consciencia. Al culpar a alguien, trata de sentir esa rabia, ese deseo de señalar y responsabilizar a otra persona por lo que te está ocurriendo. Y cuando la culpa va dirigida hacia ti mismo, observa esa necesidad de castigo y de autocrítica. Pregúntate: ¿de dónde viene este impulso? ¿Por qué necesito cargar con esta culpa? ¿Cómo puedo responsabilizarme sin castigar(me)?

Esta energía mental y emocional, en ambos casos, se alimenta de la resistencia a aceptar lo que ya ha ocurrido y de no querer ver con claridad nuestra propia contribución. Aceptar lo que es, también implica aceptar nuestra responsabilidad en la situación.

El verdadero termómetro de esta práctica es tu nivel de paz. Cuando decides soltar la culpa, cuando dejas de identificarte con esos impulsos reactivos, empiezas a ver tus relaciones y experiencias desde un lugar más auténtico, más libre. En lugar de buscar culpables o castigos, aprendes a responsabilizarte con compasión. Y en esa responsabilidad consciente, no hay lugar para el miedo ni para la culpa. Solo queda la libertad de ser quien realmente eres y de actuar desde un lugar de calma y amor hacia ti mismo y hacia los demás.

WU WEI: «EL ARTE DE HACER SIN HACER»

En la antigua China, alcanzar el estado de *wu wei* era una de las mayores virtudes. Este concepto taoísta, traducido como «hacer sin hacer», se refiere a la idea de actuar sin forzar, de permitir que la vida fluya sin resistencia. No se trata de no actuar, sino de actuar desde un lugar de plena conciencia, sin esfuerzo innecesario, sin lucha.

Un ejemplo claro y conocido de *wu wei* es la filosofía de Bruce Lee sobre las artes marciales. Bruce Lee aplicaba el concepto del *wu wei* a través de su famosa frase: «*Be water, my friend*» («Sé como el agua, amigo mío»). En su interpretación, el *wu wei* se refleja en la capacidad de adaptarse sin resistencia, como el agua que se amolda a cualquier recipiente o encuentra su camino fluyendo suavemente alrededor de los obstáculos.

En la práctica, Bruce Lee hablaba de no forzar los movimientos, sino de permitir que fluyan con naturalidad, dejando de lado cualquier tensión o rigidez innecesaria. La idea de «hacer sin hacer» se puede observar en cómo Lee entrenaba su cuerpo para reaccionar de manera espontánea y armoniosa en lugar de forzar una técnica predefinida en situaciones que requerían flexibilidad y rapidez. Esta capacidad de moverse y actuar de manera intuitiva y libre de bloqueos mentales refleja el *wu wei*, donde la acción emerge sin esfuerzo desde un estado de total conciencia y presencia en el momento.

Cuando actuamos desde el *wu wei*, estamos en armonía con el flujo natural de la vida. No nos esforzamos por cambiar lo que no podemos controlar, sino que fluimos con las circunstancias, permitiendo que nuestras acciones surjan de un lugar de calma y claridad. No estamos inactivos ni apáticos; estamos completamente presentes, sin ser arrastrados por las emociones descontroladas, el ego herido o el miedo.

Este enfoque es especialmente valioso cuando tratamos con emociones como la culpa y el miedo. Si nos dejamos llevar por la inconsciencia o el ego herido, estas emociones nos controlan. El *wu wei* nos ofrece la alternativa de actuar desde la aceptación plena.

Al aceptar el ahora, soltamos la lucha mental y emocional que implica querer que las cosas sean diferentes de como son, y, en consecuencia, comenzamos a actuar desde un estado de calma y presencia, sin forzar, sin rechazar. Este estado es la manifestación del *wu wei*: hacer sin hacer, aceptando lo que se presenta en el aquí y ahora, y permitiendo que la vida fluya a través de nosotros con naturalidad.

MINDFULNESS PARA CULPABLES

Para poder aceptar lo que es y soltar lo que creemos que debería ser, la atención plena o *mindfulness* es una herramienta poderosa. Si no estás familiarizado con la meditación, no te preocupes, puedes empezar por entrenar tu atención poco a poco. En mi libro *El hábito hace al monje*, te explico cómo los monjes budistas de distintas tradiciones practican esta disciplina, y cómo tú también puedes integrarla en tu día a día.

Cualquier técnica de meditación, ya sea sentado, caminando o haciendo tareas cotidianas, puede ayudarte a desarrollar esa luz de conciencia que necesitamos para enfrentarnos a la culpa de manera consciente. El verdadero regalo del *mindfulness* es que no solo se limita al momento de la meditación, sino que podemos llevarlo a cada instante de nuestra vida. Se trata de entrenar nuestra atención en el presente, hagamos lo que hagamos, porque de esa manera entrenamos a la mente a que no se deje atrapar por cada pensamiento que aparezca.

Si te das cuenta, la sensación de culpa, aparece porque no dejamos de juzgar una situación. Por eso, si aprendemos a no engancharnos a ese bucle mental, nuestra vida puede cambiar. Eso no quiere decir rechazarla, porque como ya hemos visto podría producir el efecto contrario. Sería como decir «muy bien, sé que estás ahí, pero no te voy a seguir la corriente. Te observo y no me identifico contigo». Es aprender a observar desde otro ángulo, dándole espacio para existir, pero sin dejarnos arrastrar por ella.

La verdadera libertad está en la capacidad de observar cada pensamiento sin dejarnos arrastrar por él.

Aquí te dejo algunas técnicas que te pueden ayudar:

- **Meditación de respiración consciente.**
  Cada respiración consciente es una invitación a regresar al presente y soltar la carga del pasado. Siéntate en un lugar tranquilo, cierra los ojos y lleva toda tu atención a la respiración. Siente el aire entrar y salir sin intentar forzar nada. Si aparece algún pensamiento de culpa (y lo hará), obsérvalo sin juzgarlo. No lo rechaces ni te aferres a él. Simplemente redirige tu atención a la respiración con suavidad. Este sencillo acto de observar y redirigir tu mente es fundamental para romper el ciclo de la culpa.

- **Escaneo corporal (*body scan*).**
  Túmbate cómodamente y recorre tu cuerpo mentalmente, desde los pies hasta la cabeza. Observa cualquier tensión o incomodidad que puedas estar albergando. Esta práctica no solo te ayuda a conectar con el momento presente, sino que también te permite identificar cómo la culpa o el estrés pueden manifestarse físicamente. Al notar estas sensaciones, te

das la oportunidad de soltarlas conscientemente, liberando la tensión acumulada. La culpa se graba en el cuerpo como un nudo invisible, cuando la observamos con atención comenzamos a desatarla.

- **Caminata consciente.**
  Camina lentamente, prestando atención a cada paso que das. Siente cómo tus pies tocan el suelo y cómo tu cuerpo se mueve al andar. Si la culpa o cualquier otro pensamiento invade tu mente, regresa con suavidad a la sensación de tus pies en contacto con la tierra. Esta es una forma sencilla y poderosa de regresar al presente.

- ***Mindfulness* en las emociones.**
  Cuando la culpa aparezca, en lugar de reaccionar automáticamente, siéntate con ella. Observa cómo se manifiesta en tu cuerpo: ¿un nudo en el estómago? ¿Tensión en los hombros? En vez de luchar contra esa sensación o intentar suprimirla, simplemente acéptala. Pregúntate con suavidad: «¿Qué necesita esta emoción?». Este enfoque consciente y compasivo no solo alivia la culpa, sino que te ayuda a entender mejor tus emociones y a transformar la culpa en una oportunidad para sanar. En definitiva, aceptar la emoción es como abrirle la puerta a un invitado inesperado. Permítele que entre, pero no lo dejes que se instale para siempre.

- **Atención a todas tus labores cotidianas.**
  Imagina que estás lavando los platos. En lugar de dejar que tu mente vague, llevando la preocupación de un lado a otro, prueba algo diferente. Enfócate en lo que estás haciendo con todos tus sentidos. Siente la temperatura del agua, observa cómo las burbujas del jabón se forman y se deshacen, percibe el olor fresco a limpieza. No pongas etiquetas ni descripciones a lo que percibes; simplemente permite que la experiencia te llene

sin necesidad de un diálogo interno que comente: «El agua está caliente» o «Esto huele a jabón de limón».

Es fácil caer en la rutina y hacer todo de manera automática, como cuando conducimos y nuestra mente ya está en otra parte. Pero si entrenas tu atención, cada tarea diaria se convierte en una oportunidad para estar presente y conectar contigo mismo. Si surge un pensamiento que te distrae o te lleva a otro lugar, obsérvalo y déjalo pasar sin aferrarte, como si fueran nubes en el cielo. Y vuelve a la experiencia sensorial de ese momento, a sentir el agua, el jabón y la tarea en sí misma. La idea es que no te pierdas en esos pensamientos, sino que te mantengas consciente de cada movimiento y cada sensación.

La atención plena no es una varita mágica que hará desaparecer de repente la culpa de tu vida, pero, con práctica, empezarás a notar que juzgas menos y dejas de alimentar ese ciclo mental que te atrapa en la rumiación y el malestar. Poco a poco, te conviertes en el dueño de tus pensamientos, capaz de decidir cuándo darle rienda suelta a la mente y cuándo dejarla en silencio. Es como si fueras un observador atento, un árbitro que decide cuándo dejar pasar un pensamiento y cuándo no prestarle atención. Esto te ayuda a relacionarte con la culpa de una manera más saludable. Al practicar estas técnicas, puedes empezar a soltar el peso emocional que cargas y encontrar una forma más ligera, presente y libre de culpas para vivir.

Práctica de atención plena para culpables

1. **Encuentra un lugar tranquilo.** Siéntate en una posición cómoda, cierra los ojos y lleva tu atención a la respiración. Inhala profundamente y exhala lentamente varias veces, permitiendo que cada respiración te ancle más en el presente.

2. **Reconoce la culpa.** Tómate unos minutos para reconocer cualquier sentimiento de culpa que esté presente en ti ahora mismo. No trates de alejarlo ni de juzgarlo, simplemente obsérvalo. ¿Dónde sientes esa culpa en tu cuerpo? ¿Tal vez en el pecho, el estómago o la cabeza? Simplemente observa, sin reaccionar.
3. **Etiqueta la emoción.** Ponle un nombre a lo que estás sintiendo: «Estoy sintiendo culpa». Esto te ayuda a distanciarte un poco de la emoción y a verla como algo pasajero, no como algo que te define.
4. **Acepta el presente.** En lugar de resistir o luchar contra la emoción de la culpa, acepta su presencia en el momento. No la juzgues ni intentes eliminarla. Reconoce que es una reacción natural. La aceptación no significa que apruebas lo sucedido, sino que estás dispuesto a ver lo que es sin añadirle más sufrimiento.
5. **Pregúntate con amabilidad.** ¿De dónde viene esta culpa? ¿Qué pensamientos o creencias están detrás de ella? ¿Es posible que esté aferrándome a esta culpa por miedo o por hábito? No respondas con juicio, sino con curiosidad. Esta fase es crucial para desentrañar las raíces de la culpa y ver si realmente es válida o simplemente una exageración de la mente.
6. **Cultiva la compasión.** Coloca tu mano sobre el corazón y date un momento para recordarte que eres humano, imperfecto y en constante aprendizaje. Mentalmente di algo como: «Está bien equivocarse. Soy digno de amor y perdón. Hago lo mejor que puedo con lo que sé en cada momento».
7. **Vuelve al momento presente.** Ahora que has observado y aceptado la emoción de culpa, lleva tu atención de vuelta a la respiración. Siente cómo cada exhalación libera un poco más de esa carga emocional.
8. **Cierra la práctica con intención.** Tómate unos instantes para fijar una intención positiva, algo que te inspire a actuar desde la conciencia. Puede ser algo similar a: «Me comprometo a ser más consciente de mis actos en el futuro» o «Voy a dejar de castigarme por mis errores».

VIVE CON GRATITUD Y LIBERTAD

En este instante, aquí y ahora, tienes la oportunidad de soltar las culpas, de dejar atrás el pasado, de abrazar el presente y caminar hacia el futuro con ligereza. La vida, en su esencia, está llena de errores, aprendizajes y crecimiento, pero la verdadera libertad surge cuando dejamos de castigarnos por lo que no podemos cambiar y nos comprometemos a vivir con amor, conciencia y aceptación hacia nosotros mismos y los demás.

La gratitud es la llave que abre esa puerta. Agradecer no solo lo bueno, sino también los errores y las dificultades, porque han sido grandes maestros en tu camino. La gratitud te reconcilia con tu historia y te permite ver cada experiencia como una pieza esencial de tu evolución.

Ser agradecido no significa justificar lo que dolió o idealizar las dificultades. Significa reconocer que, a pesar de todo, estás aquí: fuerte, resiliente y con más herramientas para seguir adelante, renovando tu mejor versión en cada paso.

Agradece tus cicatrices, porque son testigos de tu superación. Agradece tus errores, porque te han dado la oportunidad de crecer y de elegir diferente. Y no olvides agradecer a quienes son o han sido parte de tu vida, porque en esos espejos, ya sean de apoyo o de desafío, has encontrado grandes lecciones.

Si alguna vez te has sentido atrapado en un ciclo de autocrítica o arrepentimiento, recuerda que el poder de salir de ahí siempre ha estado dentro de ti. Transformar tu vida empieza justo aquí, en este mismo segundo, cuando decides soltar lo que ya no te define y empiezas a verte con la misma compasión con la que mirarías a alguien que amas. Agradece todo lo que has hecho para llegar hasta aquí, incluso si no siempre salió como esperabas.

Que cada respiración que tomes a partir de hoy sea un recordatorio de tu presencia, de tu capacidad para construir una vida con menos culpa y más libertad. Este instante, con el cierre de este capítulo, puede ser el comienzo de uno nuevo para ti. Un capítulo escrito con amor, aceptación y gratitud por todo lo que has sido, lo que eres y puedes llegar a ser.

Mientras concluyo con estas palabras, pienso en una banda sonora ideal para acompañarte: *Thank you* de Ayo; *Por las veces* de Conchita, *Culpa* de Valeria Castro y *Frena* de Vicky Gastelo. Si te apetece, escúchalas y deja que te acompañen mientras reflexionas sobre todo lo que hemos recorrido juntos.

Y, por último, solo queda despedirnos de nuestra querida culpa: gracias, pero adiós. Gracias por las lecciones, pero adiós, porque ahora es momento de soltar, abrazar tu libertad y caminar hacia lo que está por venir con amor y ligereza.

Feliz viaje, querida alma. Que tu vida esté libre de culpas y rebosante de gratitud y amor.

Diario de gratitud: tres momentos de luz

Cada día, antes de irte a dormir, dedica unos minutos para escribir en tu diario tres cosas por las que te sientes agradecido. No tienen que ser grandes eventos, a veces la magia está en los pequeños detalles. Este ejercicio te ayudará a reconectar con lo positivo y a entrenar tu mente para encontrar la belleza en lo cotidiano.

1. Encuentra un momento de calma.

Siéntate en un lugar tranquilo, puede ser en la cama, y respira profundamente tres veces, dejando ir el día con cada exhalación. Permítete estar presente y relajarte.

2. Escribe tres cosas por las que te sientes agradecido hoy.

Pueden ser cosas simples, parecidas a: «Agradezco haber tenido una conversación agradable con un amigo», «Agradezco haberme dado tiempo para leer un capítulo de mi libro favorito», «Agradezco el sabor del café que disfruté esta mañana», «Agradezco despertar con vida».

3. Reflexiona brevemente sobre cada una.

Al escribir cada punto, pregúntate: ¿qué hizo que este momento fuera especial? ¿Cómo me hizo sentir? ¿Qué puedo aprender de esto? Dedica un par de líneas a cada reflexión para profundizar en la experiencia.

4. Cierra el ejercicio con una frase de gratitud.

Escribe una frase que sientas en tu corazón para cerrar tu día, algo similar a: «Gracias por todo lo vivido hoy. Me permito...».

Puntos de luz: ¿qué hemos aprendido?

- El arrepentimiento es el primer paso para liberarse de la culpa. No se trata de sumergirse en el sufrimiento, sino de ver las acciones pasadas como oportunidades de aprendizaje, no como una condena permanente.
- El verdadero arrepentimiento es un puente entre el pasado y el presente. Permite entender la culpa como un mensajero que nos muestra dónde necesitamos sanar y nos ayuda a aceptarnos con compasión.
- Aceptar lo que *es* no implica rendirse. Significa soltar la resistencia interna que nos atrapa en un ciclo de sufrimiento. Al fluir con el presente, nos liberamos del peso emocional de querer controlar lo incontrolable.
- La práctica de *mindfulness* nos permite reconocer la culpa y sus efectos sin identificarnos con ella, lo que nos brinda una oportunidad de transformar la autocrítica en compasión.
- La autoliberación comienza con el perdón hacia uno mismo. El perdón no es olvidar lo sucedido, sino aceptar las lecciones y avanzar con una visión renovada y en paz.
- La responsabilidad consciente reemplaza la culpa. Asumir nuestra parte de la experiencia sin proyectar culpas ni castigos hacia

nosotros o hacia los demás nos libera de la carga emocional que genera el sufrimiento.

- Vivir sin cargar con la culpa implica aceptar cada parte de nosotros mismos, incluso aquellas que todavía están en proceso de sanación.
- Aceptación y compasión son claves para la paz interior. Al abrazar con amabilidad lo que es, sin juicios ni expectativas, encontramos la verdadera serenidad.
- El perdón y la gratitud son dos pilares esenciales para la autoliberación. Agradecer las lecciones de nuestros errores y perdonarnos por los momentos difíciles nos ayuda a soltar el pasado y a avanzar con mayor ligereza.
- La vida plena se experimenta en el aquí y el ahora, libre de culpas. El presente es el único momento en el que podemos decidir cómo actuar y cómo responder a nuestras experiencias, creando una vida más consciente y conectada.
- La aceptación es un acto de liberación. Aceptar lo que *es*, sin resistencia, permite que la paz y el bienestar fluyan en cada momento de nuestra vida diaria.
- La gratitud transforma la percepción de la vida. No se trata solo de agradecer lo positivo, sino de mirar con gratitud cada momento, cada error y cada aprendizaje que nos han llevado a ser quienes somos hoy.
- La verdadera fuerza está en levantarse y avanzar con compasión. Aceptar nuestras caídas y reconocer nuestro esfuerzo por continuar, nos permite caminar por la vida con el corazón más abierto y dispuesto a crear algo nuevo.
- Cada día es una oportunidad para renovarse. La vida es un continuo proceso de evolución y cambio, y el presente es el mejor momento para soltar el pasado y elegir un camino de mayor conciencia y amor.

BIBLIOGRAFÍA

Alighieri, D. (2001). *La divina comedia. Editorial Gredos, Barcelona.*

Arendt, H. (1998). *Los orígenes del totalitarismo.* Alianza Editorial, Madrid.

Aristóteles. (2010). *Poética.* Editorial Gredos, Barcelona.

Bauman, Z. (2007). *Vida líquida.* Tusquets, Barcelona.

BBC News. (21 de enero de 2017). Por qué sentimos culpa y arrepentimiento (y por qué los expertos creen que hay que superarlos). *BBC News.* https://www.bbc.com/mundo/noticias-38642980

Brown, B. (2010). *Los dones de la imperfección.* Grijalbo, Barcelona.

Brown, B. (2012). *La fuerza de la vulnerabilidad.* Grijalbo, Barcelona.

Chödrön, P. (2000). *Cuando todo se derrumba: palabras sabias para momentos difíciles.* Ediciones Urano, Barcelona.

Chödrön, P. (2001). *La sabiduría de la no evasión.* Ediciones Urano, Barcelona.

Clapton, E. (2007). *Eric Clapton: The Autobiography.* Broadway Books, Nueva York.

David, S. (2016). *Emotional agility: Get Unstuck, Embrace Change and Thrive in Work and Life.* Avery Publishing, Nueva York.

Dostoievski, F. (2006). *Memorias del subsuelo.* Alianza Editorial, Madrid.

Dumas, D. (2004). *Los fantasmas familiares*. Editorial Herder, Barcelona.

Eastwood, C. (Director). (2008). *Gran Torino* [Película]. Warner Bros Pictures.

Eco, U. (1980). *El nombre de la rosa*. Lumen, Barcelona.

Emerson, R. W. (1993). *Self-Reliance and Other Essays*. Dover Publications, Nueva York.

Forward, S. (2015). *Padres que odian*. Booket, Planeta.

Freud, S. (1923). *El yo y el ello*. Biblioteca Nueva, Madrid.

Gautama, S. (s.f.). *Discursos del Buda*. (Ediciones varias).

Gibson, L. C. (2015). *Adultos hijos de padres emocionalmente inmaduros*. Editorial Sirio, Málaga.

Hanh, T. N. (2014). *El milagro de mindfulness*. Editorial Kairós, Barcelona.

Hanh, T. N. (2014). *No barro, no loto: el arte de transformar el sufrimiento*. Editorial Kairós, Barcelona.

Hanh,T.N. (2013). *El milagro de la atención plena*. Editorial Kairós, Barcelona.

Hansen, K. (2011). *Secret Regrets: What if You Had a Second Chance?* CreateSpace Independent Publishing Platform, California.

Hawkins, D. R. (2012). *Dejar ir: el camino de la liberación*. Editorial Sirio, Málaga.

Hitchcock, A. (Director). (1953). *Yo confieso* [Película]. Warner Bros.

Isaacson, W. (2011). *Steve Jobs*. Simon & Schuster, Nueva York.

John, E. (2019). *Yo: Elton John*. Reservoir Books, Barcelona.

Lao-Tse. (2017). *Tao Te Ching*. Alianza Editorial, Madrid.

Lee, B. (1987). *El Tao del Jeet Kune Do*. Paidotribo, Zaragoza.

Lehrner, A., & Yehuda, R. (2018). Trauma across generations and paths to adaptation and resilience. *Psychological trauma: theory, research, practice and policy*, 10 (1), 22-29. https://doi.org/10.1037/tra0000302

Lerner, H. (2014). *La danza de la ira*. Gaia Ediciones, Madrid.

Levine, P. A. (2003). *Sanar el trauma*. Ediciones Gaia, Madrid.

Lewis, C. S. (1942). *Cartas del diablo a su sobrino*. Rialp, Madrid.

Lovato, D. (2021). *Dancing with the Devil* [Película; vídeo online]. YouTube Originals.

Lutero, M. (1517). *Las 95 Tesis*. Obras clásicas de la Reforma Protestante.

Maté, G. (2003). *Cuando el cuerpo dice ¡no!: la conexión entre el estrés y la enfermedad*. Ediciones Urano, Barcelona.

Mayer, E. (2016). *Pensar con el estómago*. Grijalbo, Barcelona.

Navarro, T. (2015). *Fortaleza emocional*. Zenith, Barcelona.

Neff, K. (2011). *Sé amable contigo mismo: el arte de la compasión hacia uno mismo*. Editorial Planeta, Barcelona.

Packard, V. (1992). *Las formas ocultas de la propaganda*. Vintage Books, Nueva York.

Punset, E. (2005). *El viaje a la felicidad*. Destino, Barcelona.

Rousseau, J. J. (1762). *El contrato social*. Alianza Editorial, Madrid.

Rumi, J. (2004). *El libro del amor: poemas de éxtasis y gozo*. HarperOne, California.

San Agustín de Hipona. (1999). *Confesiones*. Alianza Editorial, Madrid.

Schützenberger, A. A. (1998). *Los antepasados, esa historia oculta.* Paidós, Barcelona.

Snyder, T. (2017). *Sobre la tiranía: veinte lecciones que aprender del siglo* xx. Galaxia Gutenberg, Barcelona.

Spielberg, S. (Director). (1993). *La lista de Schindler* [Película]. Universal Pictures.

Spinoza, B. (2011). *Ética.* Alianza Editorial, Madrid.

Tedeschi, R. G., & Calhoun, L. G. (1995). *Trauma and Transformation: Growing in the Aftermath of Suffering.* SAGE Publications, California.

Tolle, E. (1997). *El poder del ahora.* Gaia Ediciones, Madrid.

Van der Kolk, B. (2014). *El cuerpo lleva la cuenta: cerebro, mente y cuerpo en la superación del trauma.* Alianza Editorial, Madrid.

Villa, I. (2012). *Saber que se puede.* La Esfera de los Libros, Madrid.

Voltaire, F.M. (2006). *Cándido. Micromegas. Zadig.* Cátedra, Madrid.

Watts, A. (1951). T*he Wisdom of Insecurity: A Message for an Age of Anxiety.* Pantheon Books, Nueva York.

Wegner, D. M. (1994). *White Bears and Other Unwanted Thoughts: Suppression, Obsession, and the Psychology of Mental Control.* Guilford Press, Nueva York.

Yousafzai, M. (2013). *Yo soy Malala.* Alianza Editorial, Madrid.

Zimbardo, P. (2008). *El efecto Lucifer: el porqué de la maldad.* Paidós, Barcelona.

AGRADECIMIENTOS

Gracias a ti lector o lectora, por abrirme las puertas de tu tiempo, de tu mente y de tu corazón, por permitirme acompañarte durante un trocito de tu camino. Sin ti, nada de esto tendría sentido. Gracias de corazón.

A mi hogar con mayúsculas, mi raíz, mi vida y mi sostén: Leo, Toni, Papá, Mamá, César, Toni, Manuela; a toda mi familia y mis queridas amigas y amigos, gracias por vuestro amor incondicional. Os requetequiero.

A mis tres ángeles de cuatro patas: aunque se fueron demasiado pronto, me hicieron recordar lo desgarradora que se puede ser la culpa. Gracias por acompañarme con vuestra luz en este reto.

A Carol, mi alma cómplice, gracias por estar siempre, por tu apoyo y por ser refugio, por enseñarme que hay culpas más profundas.

Gracias Nuria y Fredy, por las pausas con divagaciones entre capítulos, el café y vuestro calor siempre a punto.

Gracias Rocío Salmoiraghi por ser un hada mágica equilibradora y devolverme el centro cuando lo he perdido en este viaje.

A mi querida editora y hada madrina, Esther Sanz. Gracias por este recorrido juntas, por tu mirada que encuentra siempre lo esencial, por tu confianza y por transformar ideas en algo inmenso. No podría soñar con mejor compañera en este viaje literario.

A Eugenia Soria, gracias por confiar inicialmente en este proyecto y darle el impulso para que echara a volar.

Gracias a todo el equipo de Urano World por cuidar cada detalle y sumar vuestro talento, trabajo y cariño a estas páginas.

A mi más que agente literaria, Sandra Bruna, por ser una brújula en este inmenso mar de letras. Gracias por guiarme con tu intuición, por creer siempre en mí y por tu compromiso constante. A Berta Bruna y a todo el equipo de la agencia, gracias por vuestro trabajo impecable y vuestra dedicación.

A Francesc Miralles, por estar siempre al otro lado, con palabras, gestos y una generosidad infinita.

Gracias de corazón a todos «los culposos y culposas» que me habéis compartido vuestros testimonios. Vuestras historias aportan luz y humanidad a estas páginas.

A ti, querida culpa: gracias por ser una maestra disfrazada, por mostrarme mis sombras, retarme y ayudarme a crecer.

Y cómo no, gracias a la vida, a los libros y a la música que tanto me dan.